核廃絶

諸宗教と文明の対話

上智学院カトリック・イエズス会センター
Sophia School Corporation Catholic Jesuit Center
島薗 進
Susumu Shimazono
〈編〉

岩波書店

まえがき

二〇一九年一一月、ローマ教皇フランシスコが来日し、長崎・広島、そして東京を訪れ、いくつかのメッセージを語り、日本に住む多くの人々の心を動かした。とりわけ非核と平和に向けて世界の人々が力を合わせて取り組むべきことを強く訴えたことが、人々の共感をよんだ大きな要因であった。そのフランシスコ教皇は、二〇一七年に国連で採択された核兵器禁止条約(TPNW)についても積極的に支持しており、バチカン市国は早くも同年九月二〇日にこの条約を批准している。

だが、核兵器禁止条約を支持している宗教団体や宗教者集団はカトリック教会だけではない。核兵器禁止条約の成立に貢献し、二〇一七年のノーベル平和賞を受賞した核兵器廃絶国際キャンペーン(ICAN)には、世界宗教者平和会議(WCRP、Religions for Peace, RfP)も有力なサポートを行ってきた。この世界宗教者平和会議は伝統仏教や新宗教やキリスト教から神道まで、日本の多くの宗教集団が加わっており、とくに立正佼成会はその牽引者であった。この宗教協力組織には加わっていないが、創価学会インタナショナル（SGI）もICANとは、その発足時から国際パートナーとして連携が深い団体だ。

日本の民間組織ではピースボートの貢献が大きかったことが知られている。とりわけ広島・長崎の原爆の被爆者の声を世界に届ける役割を果たしたことが高く評価されている。被爆体験を語ることで、広島・長崎の原爆投下による苦難について考えたり、感じ取ったりする機会が乏しかった人たちも、核兵器の恐ろしさを身近に感じ取り考えるようになった例が少なくない。

福島原発災害を経験した日本だが、早くから原発の危うさを知り、訴えてきた宗教者もいる。核兵器の実験による被害をごまかすかのように、「原子力の平和利用」が唱えられ始めたことからもわかるが、原爆と原発には密接な関係がある。原爆投下を受けた経験があり、多くの被爆死者、被害者が出た国であるという自覚のもと、日本の宗教者たちは、原発が将来世代や作業員や立地周辺の人々など、声を発しにくい人々のいのちを脅かす非倫理性をはらんだものであることを訴えてきた。今ではカトリック教会も含め、世界の宗教界がその声に賛同するようになってきている。

このような背景を踏まえ、二〇一九年五月、上智大学でシンポジウム「平和、非核、人類文明の未来――宗教者・研究者による対話」が開かれた。本書はそのシンポジウムの記録と、教皇フランシスコが来日の際、長崎・広島・東京で表明された三つのメッセージから構成されている。あわせて、この時期にこうした平和のための諸宗教の関係者と研究者の結集が可能になった経緯についての筆者の「解説」を付している。

筆者はシンポジウム「平和、非核、人類文明の未来――宗教者・研究者による対話」の実行委員会のメンバーの一人である。この記録が平和と非核化を願う多くの人々の参考になること、とりわけ平和と非核化に向けて諸宗教が力になることを念じて、実行委員会の他のメンバーや関係者と協議しつつ、本書刊行のための作業を進めてきた。平和をもたらす生き方を具現したいと考えている読者にとって、ささやかではあるが本書がいくばくかの参考になることを期待している。

島薗 進

目次

I

核廃絶への道

核兵器廃絶の人道的要請

ティルマン・ラフ

はじめに

アルバート・アインシュタインの「知ることのできる特権を持つ者は、行動する義務も負う」との先見性ある言葉や、彼が原子力利用の到来がいかに世界を変えうるかについて予言したことが、しばしば思い出されます。世界保健機関（WHO）は、核兵器が人類の健康と福利にとって最も差し迫った脅威であり、一つでも核兵器が都市部に投下された場合、その犠牲者や生存者に対応しうる医療機関は世界のどこにもないことを明確に結論づけています。したがって、唯一の実行可能な対応は「予防」しかありません。

核兵器と気候変動問題

核兵器に関する最も重要かつ最新の科学的知見としては、気候に対するその影響です。気候変動問題を考える時、核兵器について考える人はあまりいません。しかし、核兵器は気候の安定にとって最も差し迫ったリスクです。それはなぜか？　核兵器は非常に効率的に広範囲を炎に包み、ファイアーストーム(爆弾による大火で起こる大気現象、火災旋風)となるからです。広島に投下された比較的小規模の原爆も、爆発力の一〇〇〇倍の火力が発生したとされています。もし現存するメガトン級の核爆弾が東京に投下されたらどうなるでしょうか？　北に位置するさいたま市や西に位置する川崎市など、一六〇〇平方キロメートルの範囲を八〇〇度以上の熱風で燃焼させ、ほとんどの建物は破壊され、生存物は皆無となります。そして多量の煙が大気中に高く舞い上がることになります。

かつて気候科学者が、妥当と思われるあるシナリオを想定し、研究を行いました。一〇年ほど前の研究になりますが、インドとパキスタンの核戦争という、かなり控えめなシナリオを想定しました。本年(二〇一九年)の二月にも両国で核兵器使用を検討する事態が起きたことは周知の事実です。二〇〇七年の段階で両国が保有していた数の半分の核兵器――これは全世界が保有する核兵器の〇・五パーセントに値します――が両国の都市に投下された場合、六〇〇〇万トンの煙が大気に舞い上がると推定されました。以来、両国の都市はさらに発展し、核兵器の数も増加しています。最近この研究が見直され、当時の推定がかなり消極的なものであり、実際には一五〇〇万トンもの煙が上がるだろうとされています。ですから、これから示すデータはかなり過小評価されたものになります。

南アジアで核兵器が投下された場合、一〇日間ほどで地球の居住地域のほぼ全域に広まります。大気の断面を見た場合、気象現象が起こる対流圏の下層部では雲と雨に覆われます。核物質は、さらに長い間、上層の大気中に残り続けます。核戦争による煙は直ちに上昇し、暖められ、大気圏の上層部に少なくても二〇年間残り続けます。世界中が、より寒くなり、暗くなり、乾燥します。

もちろん農業にも影響します。これまで広く公表され、専門家による審査を受けた研究論文には、放射能や化学物質による汚染や、私たちを守ってくれるオゾン層の減少による紫外線の大幅な増加や、現代の農業に欠かせない燃料、肥料、種、殺虫剤、輸送に大きな混乱を招きかねない要素などは考慮されていません。繰り返しますが、今述べた研究結果は非常に慎重な過小評価です。世界で穀類作物の生産量が最も多いアメリカと中国においては、今後五年間でその生産量は一五〜四〇パーセント減少し、さらにその後の五年間では半減するとされています。

すでに世界の飢餓人口は八億人以上に達しています。現在かなり多くの穀物の蓄えがあるものの、世界の穀物需要の三、四カ月分しかありません。食糧生産の大幅な減少が何年も続いた場合、十分に耐えうる術《すべ》がありません。地球の反対側で小さな核戦争が起きた場合、数十億人が飢餓の危機に陥ることは皆さんにも想像がつくと思います。

これを大局的に見てみましょう。地球温暖化で世界の平均気温が一度上昇することについて皆が懸念するのはもっともなことですが、先ほど紹介したシナリオが実現すれば、一・五度の変化が起きます。ロシアとアメリカの核搭載爆撃機が使用されたならば、平均気温が五度低下してしまいます。これは氷河期の平均気温に相当します。新戦略兵器削減条約（新ＳＴＡＲＴ）の義務が履行されているといっても、ロシアとアメリカの長距離核弾頭がもし使用されたならば、その倍の気温が低下します。このように急激に氷河期が訪れた場合、人類は到底生き延びることはできません。ですから核兵器の現実は本質的に地球の自爆爆弾なのです。誰も守ることにもならず、全人類を危険にさらしているのです。

地球最後の時、二分前

では、生存を脅かす脅威に人類はどう立ち向かっているのでしょうか？　残念なことに、唯一の非常に重要な例外を除いては、良いニュースはありません。軍縮は進んでいません。交渉も進んでいません。冷戦時代から苦労して得た核不拡散条約（ＮＰＴ）も次第に廃止の方向に向かっています。しかも保有国は核兵器の現代化と新機能搭載のために何兆ドルもの投資をしています。「世界終末時計」（ドゥームズデイ時計、地球滅亡の時間を午前〇時として、地球最後までの時間を示す時計）を管理する“Bulletin of the Atomic Scientists”（原子力科学者会報）は、昨年（二〇一八年)、一九五三年以来初めて分針を零時二分前まで進め、本年もそのままにしています(二〇二〇年現在、一〇〇秒前にまで進んでいる)。

グテーレス国連事務総長は、現在は新たな冷戦の寸前の状態にあり、危険な時代だとしています。英国の議会は、最近の報告書で核の危険の高まりを認めています。アメリカの諜報機関は、本年初頭に連邦議会に提出した年次報告書で「気候変動の懸念が高まる世界において食糧や飲料水の供給と人びとの安全保障の混乱が高まることで、世界の不安定性や武力紛争が増大し、核戦争の危険が高まっている」と報告しています。既にそのような兆候が見えています。世界では国際的な武力紛争が急激に増加しており、このような紛争には必ず第三国が関わっています。第三国として紛争に関わる国の多くが核保有国です。このような紛争のすべてが核戦争へのエスカレーションのリスクをもたらしているのです。

さらに、サイバー戦争の泥沼化が起きており、核保有国がその状態を指揮・支配しており、早期警報システムも脆弱性《ぜいじゃく》を示しています。アメリカ国家安全保障局のコンピュータも二〇一七年にハッキングされています。たった数キログラムの高濃縮ウランとプルトニウムで核兵器は製造可能なのですが、世界には既に二〇万発もの核兵器を製造しうる高濃縮ウランとプルトニウムが存在しています。したがって、これが兵器に転用されることを防ぐための法に基づく秩序が切に求められています。

国連による成果

では、法に基づく秩序はこれまでどのような進展を果たしてきたのでしょうか。二年前に採択された核兵器禁止条約(TPNW)についてお話をする前に、「核兵器のない世界」は人類共通の思いとして根付いていることをまず申し上げたいと思います。一九四六年、国連総会は初の第一号決議で、原子力兵器の廃絶を訴えています。NPTは、(締約国となっていない核保有国)四カ国を除くすべての政府が誠実に核軍縮の交渉に取り組むことを法的に義務付けています。世界の司法の最高権威である国際司法裁判所は、核軍縮の交渉のみならず、完結させるべきことを全会一致で結論しています。また人類は、その他の無差別で非人道的な兵器の管理に向けて著しい進展を遂げています。生物・化学兵器、対人地雷、クラスター爆弾も禁止対象となり、全ての国がこれらの兵器を一貫して拒否し、廃絶に取り組むことが定められています。これまで挫折や、なかなか進展しない状況もありましたが、全体的にはかなりの成果をあげています。「汚名化(スティグマタイズ)、禁止、廃絶」がこれまでの効果的な道筋となっています。非人道的兵器でありながら禁止されずに廃絶された兵器は存在しないのです。

私の同僚であるマレーシアのロナルド・マッコイ博士に敬意を表したいと思います。博士は地雷禁止国際キャンペーンから着想を得て、核兵器廃絶国際キャンペーン(ICAN)を考え出した方です。ＩＣＡＮは幅広い市民社会の連合的・包括的・開放的なキャンペーンであり、核兵器の禁止と廃絶を目的とし、政治や安全保障の議論ではなく、核兵器の受け入れ難い現実的な影響に注目しています。

これには世界最大の人道機関である国際赤十字・赤新月運動が極めて重要な協力者となりました。ヤコブ・ケレンベルガー赤十字国際委員会（ＩＣＲＣ）総裁は、二〇一〇年、核軍縮と核不拡散が緊急の必須事項であり、果たすべき人道的事項であるという大変重要な呼びかけを行いました。この声明は、ＮＰＴ再検討会議で核兵器使用による破壊的・非人道的結末に初めて深い懸念が示されることにつながり、人道的な視点から核兵器の影響を検討する世界初の政府間会議の開催への道を開きました。世界の八割の政府が参加した会議では、効果的な対応が存在しない核兵器の使用はいかなる場合も容赦ない大惨事をもたらし、以前よりもそのリスクが高まっていること、核兵器が存在し続ける限りそのリスクも存在し、最も危険で人類の存続を脅かす核兵器が法的に容認されている唯一の大量破壊兵器であることが結論されました。

これにより、まずオーストリア政府が他の政府に協力を要請し、法的なギャップを補足する約束事につながりました。そして瞬く間に世界三分の二以上の国が賛成しました。

しかし、核兵器を持たない国が核兵器廃絶をすることができないことが、そのジレンマとなっています。そこで彼らはどうしたかというと、これまでの経験に学び、核保有国が会議の進行を妨げることができない状態の中で過半数を獲得できるフォーラムで核兵器を禁止することができると判断しました。このような取り組みには連帯が大変重要です。宗教間協力や医療関係者間の協力が重要であるように、多くの協力しあう取り組みが非常に重要です。

世界の主な医療機関、医師、看護師、公衆衛生関係者が一丸となって核兵器廃絶を訴えたことは、二〇一六年末から国連が核兵器禁止条約の検討を開始したことに大きな影響を与えました。複雑な条約に関する交渉をたった四週間で行い、わずか八カ月間で成果をあげたのは大変なことでした。

希望の文書

この交渉はいろいろな意味で素晴らしかったと思います。市民社会が常に外交官に働きかけ、なぜこの事業が重要なのかを訴え続けました。私のような科学者や医師が単に事実やデータを提示するよりも、それとともに核実験の被害者や被爆者が声を上げ、声を届ける場が提供されたことが非常に重要となりました。彼らの証言ほど強烈に突き刺さるものはありません。彼らが話すたびに会場は静まり返りました。彼らにとって核兵器は大国間の抽象的な均衡ゲームではありません。核兵器が無差別な死、喪失、苦悩、強制退去、何世代も続く病を招くことを彼らは熟知しています。この方がたに敬意を表したいと思います。

核兵器禁止条約には、核兵器を保有する九カ国とアメリカの核の傘の下にある約三〇カ国が交渉参加を拒否したため、採決における賛成票は圧倒的なものとなりました。採択に出席した国のほとんどが禁止条約に賛成しました。ご想像の通り、感動的な歴史的瞬間となりました。広島で被爆したサーロー節子さんは――ICANの運動に重要な役割を果たした方ですが――ICANを代表してノーベル平和賞を共に受けられたことをとても嬉しく思っています。多くの被爆者にとって、彼らの叫びがやっと世界に届いたことを実感した瞬間でした。ICANが中心となってコーディネートした市民社会のサポートとパートナーシップなくして条約は実現しなかったと、これまで私が会話したすべての外交官が言っていました。

こうして今では他の無差別兵器と同様、核兵器は汚名化され、容認できない兵器としての法的根拠が設けられました。五〇カ国が批准すればこの条約は発効します。これが二〇二〇年には実現することを望みます。現在のところ七〇カ国が署名し、二三カ国が批准しています(二〇一九年五月一八日現在)。核兵器禁止条約は後世が核兵器のない世界を受け継ぐことを可能にする希望の文書です。

核兵器の非合法化

条約に関するいくつかの重要な側面について強調したいと思います。本日すでにいくつかの点についてお話ししましたが、この条約は事実を明確に反映しており、断定的で包括的な禁止を定めています。非常に重要な点として、核軍縮に向けて全ての国が義務を果たすための道筋を示しています。これは核兵器廃絶に向けて定められた唯一の国際条約であり、核実験の被害者や被爆者への援護と、放射能で汚染された環境の改善も批准国に義務付けています。

ある意味で、これは容易な側面であり、核軍縮を真に求める各国政府による成果です。今切実に求められているのはリーダーシップです。二〇一九年三月一五日のクライストチャーチ銃乱射事件後にニュージーランドの首相が示したようなリーダーシップが求められています。しかし、核兵器を振りかざす国には、そのようなリーダーシップが見られません。

ではなぜこの条約が重要なのでしょうか。この条約の核兵器廃絶推進のために活用可能な側面について、何点かお話ししたいと思います。この条約は核兵器の非合法化を可能にします。核保有国が強く反対していること自体、この条約の重要性を示していることに大きな安堵《あんど》を感じています。保有国はこれを無視できません。時とともに条約の規範的勢力が増していくことでしょう。条約加盟国と非加盟国双方の行動も変わることでしょう。国連の会議に参加するたびに、米国の外交官が「核兵器禁止条約は世界の安全保障にとって脅威だ」と言いながらも、同時に対人地雷全面禁止条約――これまで米国は反対し加盟もしていない条約――の事実上遵守を誇っているのを耳にします。ですから条約は重要です。今お話ししたように、すべての国家に道筋を与えるからです。国際法を強化させ、どの政府が本当の意味で軍縮を支持しているかどうかが浮き彫りになります。

核兵器を含まない協力関係へ

様々な面における市民社会のモラル・リーダーシップが極めて重要です。国際赤十字・赤新月社連盟はそのようなリーダーシップを発揮し、全ての政府に条約への加盟を呼びかけています。多くの宗教指導者も大変重要なリーダーシップを発揮していますが、もちろん私は慎重に識別しています。フランシスコ教皇が明確に核兵器の保有自体が道徳に反していることを繰り返し宣言していますが、これは非常に重要なことだと思います。他の宗教団体も、これまで長年核兵器廃絶に取り組んでいます。今こそ、この取り組みを強化させ、共同作業にしていかなければなりません。

私の専門分野である保健機関でも、世界医師会などが全政府に条約加盟を呼びかけています。市や州などの地方自治体も、無差別な核兵器の暴力から市民を守る責任と意思を表明することができます。世界の多くの都市も各国政府に加盟を呼びかけています。つい昨日もパリ市が支持を表明しました。カリフォルニア州議会の上院・下院議会も米国政府に加盟を呼びかけています。

まだ条約は発効されていませんが、すでに責任ある金融機関は世界最悪の兵器から利益を得る企業への投資引き揚げを行っています。政府系ファンドであるノルウェー政府年金基金、ヨーロッパ最大の年金基金ＡＢＰ（オランダ公務員年金基金）、ドイツ銀行、ベルギーのＫＢＣ銀行、日本のりそなホールディングス、また各都市も、人道的理由から核兵器への融資を引き揚げています。心苦しいことなのですが、残念ながら私の大学（メルボルン大学）は、世界で最も多く核兵器を製造しているロッキード・マーティン社から研究費の援助を受けています。大学の教員や学生は、もっと賢く協力団体を選択するよう大学に訴えています。

また核兵器禁止条約は他の法律にも影響を与えています。例えば国連人権理事会は昨年（二〇一八年）末に非常に重要なコメントを発表しました。「市民的及び政治的権利に関する国際規約」（ＩＣＣＰＲ。国際人権規約Ｂ規約）の第六条が保証する生存権と核兵器は相容《い》れないものとし、核兵器を人権問題に位置付けようとしています。

真理と教育に携わる学者や研究者にとって、この条約について正確に伝えることは大変に重要です。特に日本や私の母国であるオーストラリアにとって重要な側面なのですが、この条約に加盟することと核保有国と同盟関係にあることは、核兵器の使用準備を援助しない限り、相反するということは全くありません。このことは既に証明されています。米国はＮＡＴＯ加盟国以外の一七カ国を同盟国に指定していますが、その半数以上の国が核兵器禁止条約に賛成しています。アジア・太平洋地域でもタイ、フィリピン、ニュージーランドの三カ国が条約に署名しており、既にニュージーランドとタイは批准しています。いずれのケースも米国との軍事協力は維持されています。核兵器を含まない協力関係だから可能なのです。

おわりに

さて、とても嬉しい受賞についてお話しさせていただきます。私の人生と仕事において誇れることが二つあります。一つは、核戦争防止国際医師会議（ＩＰＰＮＷ）が核兵器の真の影響に関する正確な情報を広め、冷戦終結に向けて政治的影響を及ぼしたことに対し、一九八五年にノーベル平和賞が授与されたことです。ＩＣＡＮへの授与の辞がこの時のものと驚くほど似ていたことに驚きました。

もう一つは、そうです、ＩＣＡＮが二〇一七年に核兵器の使用がもたらす壊滅的な非人道的影響に関する正確な情報を広めたことで歴史的な条約という実質的な結果をもたらしたことに対するノーベル平和賞の授与でした。もちろんこの喜ばしい展開は、この問題の緊急性と重要性、条約の歴史性に注目を集めることにつながり、大切なものを守ろうとしている各国政府や市民にとって大きな励ましとなりました。小さな民衆の連帯が、ビジョンと計画と忍耐と粘り強さを持った時に果たしえた貢献に対する敬意の表明ともなりました。

「核兵器の終わりなのか、それとも人類の終わりなのか」というのが、この時代の人類の存在に関する根本的な問いとなります。どちらかしかないのです。

私たち皆が果たすべき役割を担っています。一人ひとりが自分自身の問題としていかなくてはなりません。時間は私たちの味方をしてはくれません。しかし、核兵器が人類を滅ぼす前に核兵器に終止符を打つことはできます。核兵器禁止条約は、全人類の最重要課題にとって非常に重要なツールとなっていくと確信します。

核のない北東アジアへ
――核兵器禁止条約の役割

ケビン・クレメンツ

はじめに

これまで宗教は暴力を生み出した一方で平和も生み出してきました。世界の宗教のほとんどが、戦士と平和主義者の両方の伝統を体現してきましたが、平和主義者としての伝統を優勢にすることが今日の課題となっています。過去に戦争や暴力を支持してきた宗教も、ここ何年かは平和、調和、統一を支持するようになりました。どの宗教も何らかの形で「慈悲を持って互いや世界に接する」という黄金律を体現しています。しかし残念なことに、今日の世界では「慈悲」は希少であり、その代わりに「国益」が優先されつつあります。

正義、平和、創造の調和

今日私たちは非常に暗く、有害で、病的なダイナミクスと直面しています。幾分、私の話が憂鬱《ゆううつ》なものに聞こえるかもしれませんが、希望、楽観主義、勇気を与えうる人間の力や、宗教を基盤とした社会団体の力を、どうか忘れないでいただきたいと思います。何をすべきなのか、つまり「死」や「破壊」の勢力に対抗し、「愛」や「生」や「建設的関与」を選択すべきことを私たちの多くが知っています。人類が二一世紀、またはそれ以降を生き延びるには、「正義」と「平和」と「創造の調和」の確保が必要であることを謳った平和と正義のマントラ(真理)は過去にも存在しました。

平和が存在しうること、平和が拡大しつつあることの十分な兆しがあるにもかかわらず、人類はあまり良い成果を出していません。「正義」の分野に関しても、まだまだ長い道のりです。「環境」の分野や「創造の調和」に関して、グテーレス国連事務総長は「気候変動と環境破壊は人類が直面する最大の脅威」と述べています。だからこそ、これら三つの全ての分野(正義、平和、創造の調和)において全人類はこれまでの二倍、三倍、四倍の努力をしなければなりません。

核兵器廃絶国際キャンペーン(ICAN)が成したように、私たちにもそれを成すことができると申し上げたいと思います。ニュージーランドでも一九八〇年代に非核政策を導入しました。つい一、二カ月前にクライストチャーチで起きた銃乱射事件後、これまで顕著な進展が見られない状況の中で銃の規制を長年訴えてきた私と多数の仲間は、ついにニュージーランド政府に軍仕様の半自動式銃の禁止の必要性を認めさせました。これは五一人もの死者の代償があって実現しました。とてつもない大惨事が起きる前に核兵器の廃絶が実現することを願うばかりです。

核兵器の危険性については皆さんがご存知の通りです。先ほどティルマンがそのほとんどについて述べてくれました。現在は軍備管理や軍縮を推進しにくい時です。アメリカは軍の拡大に積極的であり、ドナルド・トランプ大統領は「アメリカ・ファースト」政策と軍の拡大を結び付けています。ジョン・ボルトン大統領補佐官(国家安全保障問題担当)も、辞任に追い込まれるまで強制外交を非常に熱心に推進していました。例えばイランに関しても、ドナルド・トランプが強く自制を促していた時も、ジョン・ボルトンは対決姿勢や政権転覆を主張していました(トランプ大統領が自制を促す時は面倒なことになることは、皆さんもご存知の通りです!)。

米ロ関係も緊張状態にあり、ハノイで行われたトランプと金正恩《キムジョンウン》との(二回目の米朝)首脳会談も全く進展が見られませんでした。北朝鮮は新型ミサイルの試験発射で近隣諸国や世界の忍耐力を試しています。トランプは包括的共同行動計画(JCPOA。イラン核合意)から離脱し、中距離核戦力(INF)全廃条約からも離脱するという、就任以来最悪の決断を下しています。新戦略兵器削減条約(新START)を延長するかどうかも定かではありません。もし条約が継続しなければ、二〇世紀の軍備管理や軍縮の取り組みのほとんどが無駄になります。包括的共同行動計画からの離脱によって、すでにイランとの緊張が高まっています。インドとパキスタンの関係も緊張状態にあり、日本も含め、世界各国の軍事費も増加しています。すでにティルマンも述べていたように、「世界終末時計」が残り二分に短縮されました。

揺らぐコスモポリタニズム

今私たちは極端で深刻な騒乱状態の世界に住んでいます。かつてのリベラルな世界秩序が危うくなっており、「コスモポリタニズム」(世界市民主義)――全ての人に心を開き、多様性を受け入れる姿勢――が世界中で揺らいでいます。右派と左派、ナショナリズムとポピュリズムが、ルールに基づいた世界秩序や国際社会における法の支配を揺るがす世界に私たちは住んでいます。このような運動やその指導者たちは、あらゆる多国間制度を覆し、無視しています。人類共通のアイデンティティである「世界市民の理念」が揺るがされているのです。政治にはびこる精神の病が政界の混乱を招いています。

昨年(二〇一八年)休暇でスペインを訪れた際、二人のアメリカ人精神科医と出会いました。彼らはドナルド・トランプを直接診断したわけではないが、その行動からして、反社会的・精神異常行動傾向を持った悪性自己愛者(ナルシシズム、反社会性パーソナリティ障害、攻撃性、サディズムの極端な混合から成る一つの心理学的症候群)と判断する、と言っていました。もし彼らの患者だったら監視下に置く、とも言っていました。他のアメリカ人精神科医も同じような診断を下しています。核ボタンをコントロールする立場の人間が、反社会的パーソナリティ障害（人格障害）の症状を示していることは憂慮すべきことです。これではアメリカのコンプライアンスが非常に疑わしくなります。私たちが訴えている同盟・協力とは、万人の安全保障のための相互的な協議関係です。今日（日本を含めた）西洋諸国は、多くの精神科医が「精神的に不安定」と判断する人物を指導者とする国と同盟関係にあります。思うに、この事実はこれまでの同盟関係から若干離れるべきことを促しているのではないでしょうか。

世界市民としての行動

では、何を基盤に楽観し、どうしたらティルマンが述べていたような変革を実現しうる条件を整えることができるでしょうか。

第一に、私たちの出身国にかかわらず、一人ひとりが、多国間的・世界主義的・世界市民主義的な主張をすべきです。フランスのエマニュエル・マクロン大統領とドイツのアンゲラ・メルケル首相の両者は「多国間主義のための同盟」(Alliance for Multilateralism)の推進路線を定めました。これは新たな同盟・協力のあり方であり、一国のみのためではなく、世界のための同盟・協力を指しています。まずは人類の相互依存関係を肯定するグローバルな価値を主張し、このような新たな同盟・協力に連なろうではありませんか。

第二に、あらゆる差異を超え、明確な相互尊重のコミュニケーションが必要です。皆で中国を問題視することは、北東アジアの国際関係にマイナスです。どの国も同じような問題に直面しています。解決に向けた知恵と洞察力と知性が求められています。名指ししたり、非難合戦をしても、らちがあきません。

第三に、緊張関係にある国家間の信用と信頼を構築する方途を見つけなければなりません。それなくして軍備管理と軍縮の進展はないからです。他国の動向にレッテルを貼る代わりに、橋をつくり、コミュニケーションを可能にする道に注目しようではありませんか。

第四に、国境を越えた協調的な問題解決が可能な領域を見つけなくてはなりません。ティルマンや国連が取り上げる問題群は、どれも一国で解決できることではありません。解決のためには皆の協力が必要となります。

第五に、協働で共通の安全保障の原則を復活させなくてはなりません。私が一九八〇年代と一九九〇年代に全エネルギーと時間をささげて訴えた協働で共通の安全保障が、二〇〇〇年代になって一九世紀の国家主義と軍国主義の主張に取って代わられるとしたら胸が痛みます。協働で共通の安全保障の原則を再主張せず、私たちの安全保障が敵の安全保障に直接左右される限り、進展はありません。

第六に、生存を脅かす安全保障のジレンマに創造的に、かつ非暴力で対応しなければなりません。交渉や、静かな予防外交、互いの関心事や差異を認識・表現しながら共通性を見出す多国間制度の構築を通して、全ての問題を解決することは可能です。

北東アジアの課題

ここ北東アジアが取り組むべき課題は多くあります。北朝鮮が核弾頭一〇〇個以上の製造を可能にするウラン濃縮施設を持つようになったことで、北朝鮮を核保有国として認識すべきではないでしょうか。しかし、韓国、台湾、日本には、それ以上の核兵器を製造しうるウラン濃縮施設があります。既に韓国と台湾は核兵器開発に関連した研究を進めています。したがって、中国の核兵器、ロシアが中国にもたらした核兵器、アメリカが北東アジアにもたらした核兵器、そして北朝鮮がこの地域にもたらしている核兵器をどうするかについて、北東アジア地域全般として、またグローバルに考え始めなくてはなりません。

北東アジアには、太平洋諸島フォーラム(PIF)や東南アジア諸国連合(ASEAN)のような安全保障機構が存在していません。北東アジア地域の安全保障を推進し、監視し、確認する構造が不在なのです。つまり、安全保障問題と軍縮問題が韓国と中国と日本の関係にかかっていることを意味しており、これは非常に大きな課題です。いずれかの二国間関係が緊張状態になれば、多国間問題の進展が困難になります。

台湾、日本、韓国におけるアメリカの強力な存在感と、北朝鮮における中国とロシアの強力な存在感が、北東アジアにおける大きな難点です。北東アジア諸国の人びとの関心事を反映した取り決めを交渉するための政治空間の構築に向けた外的な力も必要です。

ドナルド・トランプ政権による対中国戦略方針は、抑制し、競争し、打ち負かすことを目的としています。これはとてつもなく危険な戦略です。北朝鮮の非核化を地域全体の非核化と並行して進めるためには、北朝鮮に対する北東アジアの執着を、もう少し広い状況の中で考えるべきです。

核抑止論の先へ

では、どんなチャンスが存在しているのでしょうか。軍備管理や軍縮、核兵器禁止条約(TPNW)の推進と同時に、紛争の平和的な転換と信用と信頼の促進に取り組むことが重要です。「平和を通じて軍縮を達成するほうが、軍縮を通じて平和を達成するよりははるかにたやすい」と、平和学のヨハン・ガルトゥングは述べています。変革に向けた状況を整えるためには、北東アジアの和平関係、協力関係、問題解決に向けた関係を構築しなくてはなりません。

より広範囲な国家的・地域的・国際的脅威に取り組む過程の中で、兵器に関する対話を根付かせていく必要があります。核抑止論という時代遅れで破滅的な方針に取って代わる安全保障論を提示しなくてはなりません。これは根本的問題です。核保有国である五大国(安保理五常任理事国。P5)とその他の四カ国、そしてその同盟諸国は、核抑止力以外の選択肢は存在しないとして、核兵器禁止条約に署名する段階ではないと言っていますが、全くのでたらめです。核の戦略的思考と核抑止論の批判に照らし、核抑止論には根本的な欠陥があることを私たちは熟知しています。世界中の非保有国が、これまで七〇年間核兵器を保有せずに安全保障を確保しています。

私たちは抑止力の先に進まなくてはなりません。私たちを苦しめる戦争のほとんどは対外的戦争ではなく、対内戦争です。協調的な問題解決と暴力紛争の転換によってのみ、解決に向かうことができるのです。これらの内戦解決には核兵器は無用です。テロリストや非国家的行為者の脅威に対しても無能です。彼らの主な論拠は「大国との外交の切り札」としての核保有であり、九カ国は核を保有することで「他国から尊重されるはずだ」と錯覚をしているのです。

これは核の保有を求めない国にとって何を意味するのでしょうか。侮られている、ということなのでしょうか。この世界秩序において発言権を得ない、ということなのでしょうか。金正恩にならって核兵器を打ち上げなければ世界の注目を得ることができないというのでは、二一世紀の核軍縮の先が思いやられます。大国以外の国にどう敬意を払うか、という点に関する根本的な問題が浮上します。中小国はこの世界で居場所を見つけるのに苦労しています。小中大国の全てが相互依存する世界の安定と平和の構築に向けたスキルと戦略によって、「大国外交」や「ハードパワー外交」はますます失調しています。

核兵器廃絶への道

さて、北東アジアの非核兵器地帯化との関連において世界の核兵器廃絶を考える必要があります。これは中国と日本と韓国が北東アジアの深刻な不安や安全保障に対応する方途を考え直す機会となります。北東アジア諸国とその国民は、中国—韓国—日本間の信用と信頼の構築の方途を見出さなくてはなりません。北東アジア諸国間の良好な関係を妨げ、いまだに浮上し続ける痛ましい戦争の歴史をどう解決し、威圧的な外交ではない交渉による解決をどう促進したらいいのでしょうか。

それは平和のためにある程度のリスクを負うことを意味するのでしょうか。北東アジア非核兵器地帯の設立構想を復活させることは、核兵器のない世界に向けて個人や国家ができうることの一つです。これは、包括的核実験禁止条約(CTBT)の実現や、兵器用核分裂性物質の生産禁止条約(FMCT。通称「カットオフ条約」)の交渉開始や、核兵器禁止条約の署名や批准に取って代わるものではありません。この全てが極めて重要なステップですが、「千里の道も一歩から」です。北東アジア諸国は非核兵器地帯設立への願望と構想設計から始めなくてはなりません。勢力独占や抑制ではなく、中国が非核化に主導的な役割を果たせるよう、国家の関心事を保証するような形で中国と共に取り組むことです。

このことは核兵器禁止条約にとって、どのような意味を持つのでしょうか。三つのシナリオがあると思います。第一に挙げられるのは、核兵器禁止条約支持国と、核保有国およびその同盟国の間での対立が継続し、深刻化することです。これではICANや関係団体がこれまで禁止条約に向けて果たしてきたことが覆されることになります。第二のシナリオは、禁止条約支持国と、核保有国およびその同盟国の協力関係が発展することです。この場合、核軍縮に向けて協力するなかで互いの共通点と相違点を明らかにすることを目的とします。第三のシナリオとして、核保有国とその同盟国が核抑止力を安全保障の中核に置く一方で、禁止条約支持国がその実現に向けて署名国と批准国を増やしていく、という展開もあり得ます。

では、最もあり得るシナリオはどれでしょうか。第一のオプションの核保有国と禁止条約支持国間の対立が深刻化した場合は、二〇二〇年のNPT再検討会議(二〇二一年に延期)にとって非常にマイナスとなります。核兵器禁止条約を成功させたければ、これは望ましい選択ではありません。しかし、既にその兆候があります。明年のNPT再検討会議に向けて非常に悪い雰囲気が漂っています。もし主要国がNPTに無関心で、核の力に降伏させるために禁止条約支持国をいじめるようなことがあれば、対立的なオプションが現実となってしまいます。そうなれば、NPT再検討会議における六条の履行義務（締約国による核軍縮交渉義務）の表明も不可能になります。

第二のオプションは最も楽観的で望ましいものですが、両サイドによる大幅な転換が求められます。これには政治的な意思が必要です。私たち一人ひとりが国に対し、禁止条約にもっと積極的に取り組むことを訴えるべきです。日本のように拡大核抑止（核の傘）に頼る国は、ニュージーランドのように「拡大核抑止による防衛はいらない。他の方法を見つけたい」と訴えるべきです。日本の市民社会、宗教団体、政治団体は機会があるたびに「拡大核抑止は容認できない」と声を大にして明確に訴えるべきです。

その上で両サイドの橋渡しをする方法を見つけなくてはなりません。あらゆる道徳的・倫理的優位性は禁止条約の支持国側にあります。しかし、核の変革は保有国とその同盟国にかかっています。両サイドはどこかの段階で折り合わなくてはなりません。では、その橋渡しができるのはどの国でしょうか。

日本は（戦争による唯一の被爆国として）禁止条約支持国と核保有国の橋渡し役を果たしうる立場にありますが、それには政治的意思が必要です。政治家に「核軍縮には賛成だが、実際は拡大核抑止が必要だ」などと言わせてはいけません。まったく矛盾するからです。ですから日本はアメリカとの拡大核抑止に頼る安全保障関係に終止符を打ち、国の指導者に禁止条約支持国と保有国の間に橋をかけさせる責任があります。今は日本と韓国にとって変革の時です。もし中国と北朝鮮が禁止条約の支持国となれば、非核兵器地帯と核兵器なき世界の構築の模範を示すことになり、変革が可能です。

そのような協調的な結果を可能にするためにはどのような「トラック一・五対話」(官民対話)が必要なのか、を模索しなくてはなりません。現在私は戸田記念国際平和研究所の所長を務めていますが、本研究所では、核保有国と禁止条約支持国の代表を集結させ、両者の共通点を探ることを目的としたワークショップを数多く開催しています。このような取り組みが、本日ご参加の全ての団体でも行われるべきです。是非両サイドを結集させ、推進可能な共通点を探っていただきたいと思います。

おそらく第三のオプションが実際にそうなる可能性が最も高いと思います。両サイドの立場はかなり固定的です。核保有国は抑止論の落とし穴にはまる一方で、禁止条約支持国は天使が味方についていることを認識しています。カトリック教徒の皆さんは、天使の力が最終的に勝利することを信じずにはいられないことでしょう。しかし課題は、両サイドの平行線を接触させ、核軍縮に向かわせることです。

対話を通して共通点を探る「時」

では、第二のオプションの実現に向けて状況を整えるためにはどうしたらよいのでしょうか。まず一点目は核兵器が非人道的で容認不可能であり、戦略的にも無効であり、国際人道法に反する、との規範を強化する必要があります。

二点目に、各国が非核化を進められるよう、非核兵器地帯の設置に努めることが非常に重要となります。私も非核兵器地帯に住んでいます。東南アジア全域が非核兵器地帯です。北東アジア非核兵器地帯があってもいいのではないでしょうか。それが実現すれば、アメリカから対岸にあたる太平洋が非核兵器地帯になります。

三点目にアメリカとロシアによる新STARTの延長が非常に重要となります。これを継続させなければ、一九九〇年代から二〇〇〇年代初頭に設立した機構のすべてが危機にさらされ、事実上無効となってしまいます。包括的核実験禁止条約を制定させなければなりません。未解決の二〇一〇年NPT行動計画を実施しなくてはなりません。

核抑止論を批判し続けなくてはなりません。私たちの未来には核抑止論の居場所はありません。しかし、気候変動の最悪の影響を軽減できなければ、核抑止論自体が意味のないものとなってしまいます。

気候変動問題、農水産物の不作不漁、二〇三〇年に一〇〇万種の生物が絶滅する危機について心配するべきです。このような最重要脅威を目前にしてもなお「核抑止は未来に不可欠だ」などという政治家がいることは驚きです。もしも気候変動によって一〇〇万種の生物が絶滅し、「核の冬」が訪れてしまえば人類は滅亡します。そのような危機に私たちは直面しているのです。

これは単に「エクスティンクション・リベリオン」(イギリスで創設された環境保護団体、直訳で「絶滅への反逆」)の活動の「時」でもなければ、グレタ・トゥーンベリ(Greta Thunberg, 一六歳のスウェーデン人環境活動家)が「気候変動問題を議題にせよ」と訴える「時」でもなく、私たち自身が「人類は生存を脅かす問題に直面している。これに取り組まなければ、これを解決しなければ、今世紀末には人類は滅びてしまう」と訴える「時」なのです。人類は隔たりを埋めなければなりません。変革に向けて共に作業をしなければならないのです。

では、最初にギブアップするのは核保有国と禁止条約支持国のどちらでしょうか。支持国がギブアップすることはないと思います。道徳的権利が味方していることを彼らも知っています。保有国は核兵器禁止条約の現実を受け入れることができるのでしょうか。否定的な発言を修正し、核のリスクを軽減し、核兵器や核輸送システムを削減し、先制不使用(no first use)や消極的安全保障を検討し、中東と北東アジアの非核地帯を検討することは可能なのでしょうか。

条約支持国の側にも課題があります。保有国やその同盟兵器国の安全保障の懸念を和らげることはできるのでしょうか。核兵器依存の低減に向けてどのような貢献ができるでしょうか。非攻撃的な防衛戦略に取って代わる戦略としてどのようなものが考えうるでしょうか。支持国は核兵器のない世界における検証作業やモニタリングをどう見るのでしょうか。また、核兵器開発や悪の行為者をどのように防ぐのでしょうか。

今はとても危険な「時」です。だからこそ協力を最大限にし、分裂を最小限にすることが極めて重要です。米中の貿易戦争が実際的な戦争の代用となってしまっています。二一世紀には戦争の余地がありません。グレアム・アリソン(Graham Allison, 一九四〇年―、アメリカの政治学者)の言うように、貿易戦争の終末を見れば、そのほとんどが実際の戦争につながっていることがわかります。今の米国政権は無責任、無神経であり、私たちの未来をもてあそんでいます。各国・各地域が消極的な傍観者であり続け、このような競争や対立に積極的に反対しなければ、地球破壊に加担することになってしまいます。中国、日本、韓国、北朝鮮が非核化に真剣に取り組み、核兵器に頼らない地域の安全保障機構を設立することが最重要課題です。建設的関与が求められている「時」です。禁止条約と支持国には高い倫理意識がありますが、核兵器問題解決のパートナーである保有国に影響を与えることができなければ、その高い倫理意識は無意味となります。対話を通して共通点を探る「時」が来ているのです。

おわりに

いつも私の講演の最後に同僚で友人のジョン・ポール・レデラック(John Paul Lederach, 一九五五年—、アメリカの国際平和学者)が教えてくれた短いマントラを紹介しています。まず彼いわく、平和構築は恐れる相手に手を差し伸べることによってのみ実現します。中国を恐れるのであれば日中に橋を築こうではありませんか。貿易戦争に加担してはいけません。核対決に巻き込まれてはなりません。

二点目に、目に見えることや考えうることの先を想像しなくてはなりません。核兵器なき世界を想像しなくてはなりません。私たちの未来には核兵器の居場所はありません。二酸化炭素排出量がゼロ、またそれ以下になる未来を想像しなくてはなりません。あらゆる人種、信条、宗教が共存し、差異を受け入れ、共通性を足場とする世界を想像しなくてはなりません。

三点目に、私たちは複雑性の核心をつかなくてはなりません。この世界には二元的な考え方の余地はありません。選択肢は「どちらか」ではなく「どちらも」なのです。私たちに被害を及ぼそうとする相手とも協調関係を構築しつつ、国の防衛を保証する方途を見つけなければなりません。

最後に、バルネラビリティ(脆弱性)を覚悟で一歩ずつ進んでいかなければなりません。万物や宇宙の神秘的な秩序を信じる信仰団体や宗教団体には、既存の秩序が破壊に通じることを認識する「勇気」と「楽観性」を持ち合わせています。信念ある宗教は、「希望」と「生命」と「活力」につながります。

核廃絶とローマ・カトリック

光延一郎

はじめに

ティルマン・ラフさん、ケビン・クレメンツさんのご講演では、核兵器と平和について、とても現実的な問題提起をしていただいたと思います。ご発表の中で触れられたモラル・リーダーシップ、あるいはソフトパワーとして、宗教には何ができるか。その一例として、ローマ・カトリック教会の立場をご紹介したいと思います。

教皇フランシスコの発言

二〇一七年九月二〇日、バチカン市国は、ガイアナ、タイとともに真っ先に核兵器禁止条約に署名・批准しました。また、同年一一月にはバチカンで国際会議「核兵器のない世界と統合的軍縮への展望」が開かれ、そこで我々の教皇フランシスコは次のように語りました。

核兵器は見せかけの安全保障を生み出すだけです。核兵器の使用による破壊的な人道的、環境的な影響を心から懸念します。核兵器の偶発的爆発の危険を考慮すれば、核兵器の使用と威嚇のみならず、その保有そのものも断固として非難されなければなりません。この点で極めて重要なのは、広島と長崎の被爆者、ならびに核実験の被害者の証言です。彼らの預言的な声が、次世代への警告として役立つように願っています。

さて、カトリック教会では毎年一月一日を世界平和の日と定めています。これは一九六〇年代に教皇であったパウロ六世が、ベトナム戦争のさなか一九六八年に制定したもので、それ以降、毎年この日に教皇から平和メッセージが発表されています。二〇一七年の元旦、第五〇回の世界平和の日に公表された教皇フランシスコのメッセージは「積極的非暴力」をキーワードとするものでした。

争いにまみれた状況の中で、他者の尊厳への深い敬意を抱き、積極的な非暴力に基づく生き方を実践しましょう。……地域的、日常的な局面から国際的な秩序に至るまで、非暴力が私たちの決断、私たちの人間関係、私たちの活動、そしてあらゆる種類の政治の特徴となりますように。

さらに、「今、イエスの真の弟子であることは、非暴力というイエスの提案を受け入れることでもあります」とも言われました。

ところで、昨年(二〇一八年)の七月に、地下鉄サリン事件を起こしたオウム真理教の関係者が、一三人一挙に死刑に処せられるという、ショッキングな出来事がありました。そのことと直接関係があったのかどうかわかりませんが、翌八月に教皇フランシスコは、『カトリック教会のカテキズム』という、カトリック教会の公式教理書の中の、死刑に関する記述の変更を承認し、カトリック教会の死刑廃止の立場を今まで以上に明確なものとしました。その部分は現在、以下のようになっています。

教会は福音の光に照らして、次のように教えます。死刑は認められません。それは、人間の不可侵性と尊厳への攻撃だからです。さらに教会は全世界で死刑が廃止されるために、決然とはたらきます。

このように教皇フランシスコは平和と命を擁護することに関して、大変前向きな発言を続けています。そして、今年(二〇一九年)一一月に来日される際には長崎・広島を訪問し、核兵器の問題についてメッセージを出すことが伝えられていますので、それに期待したいと思います。

イエス・キリストのメッセージの核心が「平和」であることは、言うまでもないことです。『マタイによる福音書』の山上の説教には「平和を実現する人びとは幸いである。その人たちは神の子と呼ばれる」と言われています。平和をつくり出すことは、キリストにならう者の生き方そのものです。キリスト教においては、人間はすべて神の子であり、また神の像、Imago Dei でもあります。ですから、神の子であり、神の像でもある、自分を含めたすべての人間を大切にし、他者の尊厳に深い敬意を払う。これがキリスト教の原点であり、これに基づいて教皇も非暴力というイエスの提案を受け入れましょうと言われているのだと思います。ここで私が注目したいのは、教皇フランシスコが、平和に関するカトリック教会の立場を大きく前進させていることです。つまり、かつてカトリック教会で語られてきた「正戦論」が、実質的に今や乗り越えられたとの宣言がなされていると思います。

非暴力と「正戦論」

ここでこれまでのキリスト教、とりわけカトリック教会の戦争に対する姿勢を振り返ります。まず聖書において、戦争と平和はどのように語られているでしょうか。旧約聖書の古い思想にはまだ多神教の名残があり、神はいたるところで戦と結び付けられていて、戦争遂行と神信仰が直結していたことは否めません。その後、紀元前六世紀のバビロン捕囚という、イスラエル人の指導者たちがバビロニアに連れ去られる試練の時代にあって、聖書の神の像は次第に平和の神の顔を表し始め、さらに、新約聖書では暴力ははっきりと否定されています。

十字架の出来事に先立って、イエスはゲッセマネの園で捕らえられましたが、そのとき、剣を取り出そうとした弟子のペトロを、「剣を鞘《さや》に納めなさい」と戒めます。このイエスの姿勢は、「誰かがあなたの右の頬を打つなら、左の頬をも向けなさい」との教えに基づいています。このように、イエスは防衛のための暴力さえ認めず、無抵抗、非暴力をはっきりと教えているのです。

その他にも新約聖書には平和を求める言葉があふれています。「あなた方は敵を愛しなさい」、「あなた方に新しいおきてを与える。互いに愛し合いなさい、私があなた方を愛したように」、「実にキリストは私たちの平和であります。二つのものを一つにし、ご自分の肉において、敵意という隔ての壁を取り壊しました」等々です。初代教会、初期のクリスチャンたちは、これらの聖書の言葉に従って、基本的に暴力を一切振るわないという立場でした。

その後、キリスト教は三一三年にコンスタンティヌス帝のもと、ローマ帝国で解禁され、やがて国教にもなっていきます。ですが、この時代はこれと並行して、ゲルマン民族の侵入が起こっていました。このため、当時のキリスト教会にとって、戦争にどのように対処するかという問題は避けられないものとなりました。平和については、さまざまな神学者たち、二世紀のユスティノス、三世紀のカルタゴのキプリアヌス、四世紀のトゥールのマルティヌス、あるいは一二～一三世紀のアッシジのフランシスコや、現代においてもメノナイト派、クエーカー教徒など、イエスの生き方に留保なく従い、非暴力を貫く立場があります。

一方で、抗争に明け暮れた人類史の現実の中では正戦論の立場も現れ、両者は交錯していきます。正戦論とは、ゲルマン民族の侵入の時代に生きた神学者のアウグスティヌスの思想に端を発するもので、罪のない民に対する不正と暴力が絶え間なく続いていることを受けとめ、愛徳の実践として無防備な人びとを守らなくてはいけない、公的権威は慈悲と正義のために、場合によっては戦争という手段を使う義務がある、という考えに基づいています。これが、中世のトマス・アクィナスを経て、次第に正戦論として語られるようになるわけです。

戦争が正当である条件としては、戦争執行機関が合法的であること、動機が正しいこと、あるいは戦争という悪の手段を用いても、その結果より大きな善が得られること、戦争が最後の手段であること、必要以上の武力を使わないこと、非戦闘員を攻撃対象としないこと、などです。しかし、それを厳守することは、歴史上のいつにおいても難しかったかと思います。

そして、中世の十字軍の遠征以降、キリスト教においては、神によって戦争に遣わされ戦死したならば、犯した罪が赦《ゆる》されるということが通念になりました。この考えは宗教改革後、一六世紀の後半から一〇〇年間続いた、ヨーロッパの宗教戦争にまで影響を残してしまいました。つまり、兵士として死ぬことは殉教者になるということですから、戦争と死が美化され、結果として戦争自体もとてもむごいものになりました。そこから、戦争は宗教の存在によってもつくられるのではないかということが問題視され、近代以降、政教分離の時代となりました。

ローマ・カトリック教会の平和への歩み

カトリック教会が、この戦争と平和に対する姿勢を大きく変えるきっかけとなったのは、一九六二年から六五年に開催された第二バチカン公会議です。ここでは、キリスト教会の一致、すなわち、東の正教会、東方教会、およびプロテスタントとの一致、そして平和をつくること、それから、これまでやや内に閉じこもっていたローマ・カトリック教会を世界に開くこと、という三つの目標が掲げられました。特に、平和の問題については、当時の教皇ヨハネ二三世の非常に強い思いによって公会議のさなかに公開された『パーチェム・イン・テリス（地上の平和）』という回勅により、公会議の中でもう一度平和の問題に注目することが求められました。この回勅はカトリック教会の信徒だけでなく、すべての善意の人に向けられたものです。

全体の主題としては――すべての民の間の平和についてですが――そのための具体的な提案

もされています。まず、平和の基礎は人間の尊厳と人権の問題だということで、カトリック教会では国連の世界人権宣言を高く評価し、これに連帯するということ。また、個人と国家の間の平和、国家間の平和、さらに国連のような超国家組織の必要性についても語られています。この回勅には交響楽《シンフォニー》のように、一つのテーマが何度も現れます。それは、「基礎としての真理、基準としての正義、動機としての愛、実行力としての自由」です。これを、日本カトリック正義と平和協議会の初代担当司教だった相馬信夫司教が、わかりやすく説明していますのでご紹介します。

人間は平和においてこそ人間らしく生きることができる。だから、平和は人間が生きるための家の屋根なのだ。しかし、屋根を支えるためには四本の柱が必要で、それが先ほど出た、この四つのテーマである。

第二バチカン公会議は一九六二年の一〇月に始まりましたが、そのときはまさに、キューバ危機によって、ソ連と米国の間で今にも核戦争が始まろうかという事態になりました。教皇ヨハネ二三世は、ソ連のフルシチョフ書記長と個人的につながりがあり、また、米国のJ・F・ケネディ大統領がカトリック教会の信徒だったということで、両者の間に入って、絶妙の外交手腕で戦争を回避することができたのだそうです。

そういう経緯のもとで、『パーチェム・イン・テリス』という回勅は、一九六〇年代にいち早く、核兵器による抑止力、抑止論には有効性がないことを語っています。五九項から引用いたします。

軍備というものは武力の均衡によってしか平和を保障することができないという一般的な理解によって正当化されています。それゆえ人間はいつ発生してもおかしくない、想像を絶する恐ろしい嵐の脅威にさらされて生きています。予想外の制御不能な偶発事件が引き金となり、戦争が勃発《ぼっぱつ》する可能性は否定できません。しかし、正義、英知、そして人間の尊厳の尊重のためには、軍備競争に終止符が打たれること、既成の軍備が同時かつ並行的に縮小されること、核兵器が禁止されること、そして最後に有効な監視を伴っての軍備全廃達成が切実に要求されます。

そして、回勅はさらに、地上の平和を実現するために、抑止論ではなく、愛による宥和《ゆうわ》を勧めます。

原子力の時代において、戦争が侵害された権利回復の手段になるとは全く考えられません。会合や交渉によって、共通の人間性に由来する最も原初的要求の一つが発見されることが望まれます。その要求とは、個人間、民族間の関係を、恐れではなく、愛が支配するということです。それはすなわち、協力によって表現される愛なのです。

非戦の呼びかけ

核兵器は一度使われてしまったら破壊に向かうだけです。前のお二方のご発表にもあったように、核兵器の撃ち合いが始まってしまえば地球がもちませんから、核兵器を用いることはできない。そもそもそこには暴力によって暴力を抑えるという根本的な矛盾がある。だから核兵器は間違っている、というのが正しい論理だと思います。

また、先ほども紹介されていましたが、非戦については、捕虜を虐待しない、地雷を禁止する、化学兵器、生物兵器、クラスター爆弾は使わない、などということを条約によって取り決めて、少しずつ進歩してきました。その中で核兵器禁止条約も提起されましたが、核兵器を禁止することなく、このまま国家間の脅し合いがずっと続くのであれば、軍拡と疑心暗鬼、不安はとどまるところを知らず、その抑止論には果てがありません。国際司法裁判所も一九九六年に「核兵器による威嚇とその使用は武力戦争に関する国際法、とりわけ国際人道法に一般的に違反する」と言っています。

そしてまた、核兵器の開発は反民主的で、秘密主義であるとの問題もあります。被爆の実相は広島でも長崎でも隠されましたし、情報開示についても消極的です。このように、核兵器の反人道性はさまざまな形で社会にも蔓延《まんえん》していると思います。

核抑止政策の倫理的なジレンマの根本は、人類がともに滅びてしまうという地球的危機をもてあそぶところにあると思います。それゆえ教皇ヨハネ二三世は、真の平和は人間の心でこそ達成されると言っています。『パーチェム・イン・テリス』の六一項を引用します。

人々の心の中から戦争勃発の予感に対する恐れと不安を払拭《ふっしょく》するため、すべての人は心から協力し、努力しなければなりません。軍備の均衡が平和の条件であるという理解を、真の平和は相互の信頼の上にしか構築できないという原則に置き換える必要があります。私はこれが到達可能な目標であることを主張します。

実は、カトリック教会における「戦争否定」の要求は、既に第二次世界大戦中から始まっていました。ヨーロッパの戦争で苦しい決断を迫られた、教皇ピオ一二世はこう語っています。「戦争は不要な大虐殺、得るところのない冒険であり、平和によっては何も損なわれないが、戦争によってはすべて失われる」。また、第二バチカン公会議は、「平和は単なる戦争の不在でもなければ、敵対する力の均衡を保持するだけでもない。人間社会の創立者である神によって、社会の中に刻み込まれ、常により完全な正義を求めて人間が実現していかなければならない、調和から生ずるのが平和なのだ」と平和概念を語ります。すなわち、平和は人間に関する正しい理解の上に建てられる、真理と正義と愛と自由を基礎とした秩序の確立であり、それが実現されるために、平和の文化を創設していかなくてはならないし、そこに宗教が寄与できるのではないかということです。

カトリック教会は第二バチカン公会議を経て、二〇一七年に教皇フランシスコが言葉として表現した「積極的平和」を、既に語り始めていました。公会議中に亡くなったヨハネ二三世を引き継いだ、教皇パウロ六世も、「平和は戦争のない状態に還元されるものではない。平和は人間の間により完全な正義をもたらされる、神が望まれる秩序を追い求める日々の中で構築される」と述べています。この姿勢はその後の教皇たちにも引き継がれており、教皇フランシスコも二〇一五年の使徒的勧告『福音の喜び』の中で、平和はすべての人の全人的な発展の実りとして生まれる、つまり、動いている、ダイナミックなものであると語っています。平和学のヨハン・ガルトゥングが、「積極的な平和とは、貧困、抑圧、差別などのない、構造的な暴力がない状態」だと言いますが、カトリック教会はそれに加えて、命が充満している、満たされている、そういう状態を平和と呼んでいると思います。

そして、非戦については一九六三年から七八年まで教皇だったパウロ六世が国連で、民族が他の民族と再び戦うべきではない。戦争はもう不要だ、もうあってはならない。それは常に人類の敗北だ、とも語っています。パウロ六世は第二バチカン公会議の平和の精神を実現するため、一九六八年、バチカンに「正義と平和委員会」を設立し、また、同委員会が全世界の司教協議会にも設置されるように要請しました。ヨハネ二三世、パウロ六世、ヨハネ・パウロ二世、ベネディクト一六世、そしてフランシスコと続く教皇たちは、一貫して同じ平和の思いを守ってきました。

特に、ポーランド出身で戦争の惨禍を身をもって知っておられた教皇ヨハネ・パウロ二世は、平和の使徒として、反戦のメッセージを絶えず全世界に送っておられました。そして「戦争はあらゆる真のヒューマニズムの欠如であり、国家間の問題を解決する適切な方法ではなく、これまで適切であった方法でもなければ、これからも決してそうではありません」と語られました。一九八一年には来日されて、広島で平和について力強く語りかけられました。それは「戦争は人間の仕業です。人間の破壊です。戦争は死です」から始まり、「過去を振り返ることは将来に対する責任を負うことです。広島を考えることは、核戦争を拒否することです。戦争を考えることは、平和に対して責任を取ることです」、最後に、「自ら平和を学び、平和の教育をしようではありませんか」と呼びかけます。

日本のカトリック教会における核と平和

それから、日本のカトリック信者で、平和、あるいは核兵器について語った、永井隆博士(一九〇八―五一年)を忘れてはいけません。永井博士は長崎医科大学(現長崎大学医学部)の助教授であったとき、長崎の原爆で最愛の妻を失い、ご自身も健康と仕事も失い、焼け野原の小屋で白血病に苦しみながら、幼い子供を育てられました。『長崎の鐘』などの著書に記されるその生活において、平和への祈りを次のような言葉で残しています。「原子戦争はちっとも美しいものじゃない。面白いものじゃない。最もあっけない、最もむごたらしい、最も徹底した完全破壊である。後に残るのは灰と骨ばかり。心を打つ物語は一つもない」、あるいは「愛し子《いと》よ、敵も愛しなさい。愛し、愛し、愛しぬいて、こちらを憎む隙がないほど愛しなさい。愛すれば愛される。愛されたら滅ぼされない。愛の世界に敵はない。敵がなければ戦争も起こらないのだよ」あるいは「平和を祈るものは一本の針も隠し持ってはならない。自分がたとえ、のっぴきならぬ羽目に追い込まれたときの自衛のためにあるにしても、武器を持っていてはもう平和を語る資格はない」、最後に「この鐘も戦の間は鳴らすのを止められていた。戦が終わるとまた鳴り出した。今も鳴っている。平和であるからこの鐘は鳴っている。これは平和の鐘のではないでしょうか。

原子爆弾、核兵器を史上初めて体験した日本国民にとって、こうした悲惨な経験をもう二度と繰り返さない、もう二度と戦争はごめんだ、そういう思いは、一種のスピリチュアリティ、霊性となって、長らく定着してきたのではないかと思います。日本のカトリック教会では教皇ヨハネ・パウロ二世の広島での呼びかけを受け、その後さまざまに、平和、人権、正義、自由、共生といった問題について、繰り返し語ってきました。過去には、カトリック教会に限らず宗教界全体のこととして、昭和の軍国主義に翻弄《ほんろう》され、抵抗できなかった歴史があります。この上智大学も、一九三二年に学生が靖国神社の参拝を拒否したという嫌疑をかけられ、迫害を受けました。その流れの中で、日本のカトリック教会はすっかり軍国主義に飲み込まれ、戦争にも協力していかざるをえなかった、という歴史があります。それを反省することが、その後の日本のカトリック教会の大きな指針となって、一九九五年以降、戦後五〇年、六〇年、七〇年と、司教団が一致団結して、平和のメッセージを発表しています。

特に二〇一五年には、戦後七〇年ということで、日本国憲法第九条にある、非暴力による平和を強調します。日本のカトリック司教団は日本国憲法第九条とカトリック教会の展望が重なっていることを、何度も確認してきました。教皇ヨハネ・パウロ二世は、私たちの世界の状況を、私たちの欲望から恐れの連鎖が死の文明をもたらしていると表現しました。キリスト教の見ている平和は、新約聖書の『ヨハネの第一の手紙』にある「神は愛である。愛には恐れがない」から始まります。カトリックの司祭であり、有名な霊性家でもあるヘンリー・ナウエンも「平和をつくり出せる人は祈る人だ」と、祈りの重要性を語っています。祈るという行為は、『ヨハネの手紙』が語る愛の空間をこの世界に開いていくことでしょう。マザー・テレサも「祈りの果実は信仰、信仰の果実は愛、愛の果実は奉仕、奉仕の果実は平和」という言葉を残しています。

おわりに

西洋古代、ギリシア、ローマにおいて「平和」は、ギリシア語では「エイレーネー」、ラテン語では「パックス」であり、これは闘争の不在、休戦という意味です。これは互いの抑止力に基づく平和が基本になっています。ですが、聖書における「平和」は「シャローム」という言葉であり、その元々の意味は建物を建てることです。つまり、平和はダイナミックなものであり、神が、歴史における人間の寄与を通して実現するものだということです。

もちろん、今の世界のパワーポリティックスの状況を見ると、このような話はやはりモラル・リーダーシップ、ソフトパワーの終末論であって、夢物語のように聞こえるかもしれません。しかし、人間の陥っている悪の循環よりも、神の愛といつくしみのほうが、よりリアルな現実であると受け止めるのがキリスト教の信仰ですし、それはまた、さまざまの宗教にとっても共通でしょう。愛がないなら、愛のないところに、愛をつくる。そういう信頼を生き抜くことが、平和の問題についてのカトリック教会の根本的な姿勢だと考えます。

II

祈りと被爆証言

平和のための祈り

ホアン・アイダル

平和の主《しゅ》なる神よ、私たちを助けに来てください！
私たちに平和を与え、平和を教え、そして平和への道を歩ませてください。
私たちの瞳《ひとみ》と心を開き、
「もう二度と暴力がないように！　戦争が起こらないように！」
と言えるよう、勇気を与えてください。
平和を実現する具体的な一歩を踏み出す勇気を私たちの心に注いでください。

愛である神よ、
あなたは私たちを創造し、私たちが兄弟姉妹として生きるように呼びかけます。
私たちが日々、平和の道具となり、武器を捨て、それを平和の手段に変え、そして争《あらそ》いをゆるしに変える力をお与えください。
希望の炎《ほのお》を私たちのうちに燃やし、
忍耐と不屈の心で対話と和解を選ぶことができるように。

そしてついに平和の勝利が、
「分裂」「憎しみ」「戦争」という言葉をすべての男性と女性の心から追放するように。
主よ、私たちの舌と私たちの手が暴力を避けることができるように。
私たちの心と精神を新たにし、
私たちを結びつける言葉がいつも「兄弟、姉妹」となるように、
私たちの生き方が、常に平和をもたらすものとなるように、主よ、力をお与えください。

アーメン

〈被爆証言〉

平和をつくり出す人たち

――心の中に平和を

近藤紘子

一九四五年当時、私の父・谷本清は広島の爆心地から八〇〇メートルのところにあった、流川教会の牧師をしておりました。八月六日、父は早くに牧師館を出ておりましたので、家に残っていたのは母と私だけでした。牧師館は爆心地から一・一キロのところにありました。あの日は晴れていて、朝から空襲警報も解除になっておりましたから、多くの人が外に出ていました。教会員の方がお一人、母を訪ねてきてくださったので、母は私を抱き上げ、その方とお話ししていたそうです。

八時一五分、爆発で家は完全につぶれてしまいました。やっと気が付いた母は、意識がもうろうとしながら、真っ暗な家の中でまず神様に祈ったそうです。「私のことはどうなってもいいです。しかし神様、この子だけは、この子だけは助けてください」。そして祈りの後、大きい声で助けを求めたそうです。「どなたか助けてください！　助けてください！」。しかし、叫べども叫べども誰も来てくれない。ふと腕の中を見ると、赤ん坊の私は母の重みで呼吸が困難となり、もう力が尽きかけていたそうです。それに気が付いた母は、やっとのことで穴をつくり、まず私を外に出してから、自分も外へ出たそうです。そして周りを見たら、火の海。私たちが住んでいた牧師館にも火がついていたそうです。

当時は原子爆弾のことは何も知らされておらず、みんな新型爆弾と呼んでおりましたから、私たちはどこへ逃げていくこともなく、爆心地から八〇〇メートルの教会の跡地に、簡単な家を建てて住み始めました。教会は外壁だけが残っていました。

私が三、四歳の頃でしたでしょうか、忘れもしません。中学生、高校生のお姉さんたちが、一人、二人と教会にいらっしゃって、「紘子ちゃん、紘子ちゃん」と、私を妹のように可愛がってくださいました。でも、私は最初、その優しいお姉さんたちの顔を見ることができませんでした。お姉さんたちの顔は、まぶたは額にくっついたまま、唇は顎《あご》にくっついたままでした。えっ、このお姉さんたちどうしたんだろう、と思いましたが、私はそれを誰にも聞きませんでした。それを聞くのはいけないことだということを、子供心にわかっていました。

幼い私が、お姉さんたちが友達同士でおしゃべりしているのを聞いてわかったことは、あの八月六日、広島の街に爆弾が落ちたということ。それで、そのお姉さんたちはやけどを負ったということでした。

ある日、お姉さんの中に、どこかで櫛《くし》を探してきてくださり、私の髪をといてくださった方がいました。私はお姉さんの手の中にある櫛を見ようとしました。でも、私の目に入ったのは櫛を持ったお姉さんの手です。指が全部くっついていました。どうしたんだろうと思いましたが、私はそれも聞きませんでした。そして、お姉さんたちのおしゃべりから、広島に爆弾を落としたのは、B-29の、エノラ・ゲイという飛行機だということがわかりました。子供の私は、そのお姉さんたちの、生まれたときとはまったく変わってしまった体を見て、よしわかったぞ、私は正しい人、私はいい人だから、大人になったら、あのB-29、エノラ・ゲイという飛行機に乗っていた人たちを見つけ出して、パンチするか、蹴とばすか、噛《か》みつくかして、お姉さんたちのかたきを討とう、そう思いました。しかし、そう思っていることが牧師の父にばれてしまうと、ちょっといらっしゃい、と言われて父が聖書を読み、ほら、そういう考え方は間違っているよ、と諭されることがわかっていましたから、その気持ちは誰にも内緒にして、ずっと心の奥にしまっていました。

あの爆弾はたくさんの孤児も生みました。父はその子たちを助けるために、精神養子縁組(アメリカの里親が精神上の養子として迎え入れ、全面的にサポートした)というのを始めました。私には親がいるけど、その子たちにはいない。だからやっぱり、親を亡くしたたくさんの孤児のためにも、いつか、いつか私がかたきを討たなければ、と思いました。

小学五年生、一〇歳のときでした。戦争が終わって一〇年目です。父の発案で、若いお姉さんたちがアメリカへ治療に行くことになりました。お姉さんたちと引率の父が岩国基地で飛行機に乗るのを見送った次の日、母にアメリカから電話がかかってきました。その電話の主はNBCというテレビ局でした。明日の飛行機でアメリカに来るように、しかし、このことは誰にも言わないでほしい。特に、ご主人には絶対に言わないでほしい、とのことでした。何がなんだかよくわからなかった母は、当時、日本の大きな街に設置されていた、アメリカ文化センターに行きました。そうしましたら、そのことを既に館長さんがご存知で、心配せずに行くようにとおっしゃいました。それで、母と私たちきょうだいの四人で、飛行機に乗ってアメリカに行きました。忘れもしません、五月一一日でした。

私は、テレビ局の大きな大きなホールの、舞台のそでに立っていました。向かいのそでには、父の大学の友人が立っていました。私の父は、牧師になった後、まだ第二次世界大戦がはじまる前ですが、アメリカのエモリー大学の神学部に通っておりました。そのときの友人が立っていたんです。私もその方のことを知っておりましたので、嬉しく思いました。

しかし、その横に立っていたのは見たことのない方でした。それで、あの方は誰かと母に聞きました。でも、母はすぐには答えてくれませんでした。やっと口を開いてくれた母の口から、こういう言葉が出ました。「紘子、あそこにいる方は、キャプテン・ロバート・ルイスといって、広島に原爆を落としたB-29、エノラ・ゲイという飛行機に乗っていた副操縦士だよ」と。私が小さいときから、いつかかたきを討ってやろうと思っていた人が目の前にいたのでした。でも、皆さんの前を走っていって、彼を叩いたり、蹴ったり、噛みついたり、そんなことをしたらいけないことぐらい、私にもわかりました。ですから私は、大きなテレビカメラが回る中、そのおじさんの目をずっとにらみつけていました。あなたたちさえあの爆弾を落とさなければ、広島の人たちは死ななくて済んだのに。子供たちは孤児にならずに済んだのに。そしてあのお姉さんたちは、やけどのせいで、生まれたときとは違う体にならなくて済んだのに。そういう思いでにらみつけました。

このテレビ番組は“This is your life”という、一人の人の人生を舞台の上で描くという内容のもので、その回のハイライトは、あの日の八時一五分、広島の地にいた父、谷本清と、広島の上空にいたキャプテン・ルイスが、初めて会うというところでした。司会者がキャプテン・ルイスに、爆弾を落とした後、あなたはどう思いましたかと聞きました。すると彼は、八時一五分に爆弾を落として、広島上空をすぐ去ったと言いました。それはそうですよね、爆発で飛行機が墜落するかもしれません。しかし、彼らにはもう一つ、落とした爆弾の威力を見てくるように、との命令が与えられていたそうです。それで、B-29、エノラ・ゲイは再び広島上空に来ました。そして彼らは、キャプテン・ルイスは飛行機の窓から広島を見た。すると、「広島が消えていた」。彼はノートに“My God, what have we done?”(神様、私たちはなんということをしたのでしょう)と書いたそうです。

私がにらみつけていたキャプテン・ルイスの目から涙がこぼれ落ちました。それを見た一〇歳の私は、はっとして、この人は鬼ではない、私と同じ人間なんだということに気が付きました。そして、心の中で神様に謝りました。「ごめんなさい、私はこの人のことを何も知らないで、彼は悪い人で、私はいい人だと、今の今まで思っていました。でも私が憎むべきはこの人ではない。私が憎むべきは戦争を起こす、人間の心の悪」。

大人たちの会話の中、私は私で、そっと自分の心の中を覗《のぞ》いていました。私はいい人、私は正しい人、相手が悪い、今まではそう思っていました。でも、私だって、親の言いつけをきかないで、弟とケンカしたことがある、弟を叩いたこともある。そのとき、私の心の中にも悪があるということに、その舞台の上ではっきりと気が付きました。私はキャプテン・ルイスに会うことによって変えられました。私が憎むべきはこの人ではなく、戦争を起こす人間、戦争を憎まなければいけないということに気が付いたんです。番組が終わり、まだ舞台の上に立っていた私は、静かに横歩きして近づき、キャプテン・ルイスの手にそっと触れました。それに気づいた彼は、私の手をしっかりと握り返してくれました。そのことが、今、私が世界の子供たちのために話して回っている原点です。

今までいろんなことをやってきましたが、やはり子供たちのことが気になります。三〇～四〇年前、私はChildren as the peacemakers(平和をつくり出す子供たち)という財団の企画で、子供たちと一緒に世界を回っていました。人種が違う、国籍が違う、言語も違う、文化も違う、宗教も違う。そんな子供たちと別れる際、いつも必ず私が言っていたのは、アッシジの聖フランシスコの平和の祈りです。その中の一部を紹介します。

慰められるよりは慰めることを、理解されるよりは理解することを、愛されるよりは愛することを、わたしが求めますように。わたしたちは、与えるから受け、ゆるすからゆるされ、自分を捨てて死に、永遠のいのちをいただくのですから。

原子爆弾に遭ったことで、私は小さいときから、広島のＡＢＣＣ(Atomic Bomb Casualty Commission)というところで検査、検査の日々を送りました。ＡＢＣＣは病院ではありません、研究所です。日本語では広島原爆傷害調査委員会という、アメリカ政府管轄の組織でした。小さいときはよかったです。でも、私も成長して思春期に入りました。中学生のあの日、いつものように、ABCCの講堂のような広い検査室に呼ばれました。受付で「谷本さん、今日はあちらの部屋へ行ってください」と言われて、「はい」と元気に返事をし、言われた部屋に行きました。

ドアを開けて、私の耳に入ってきたのは、いろんな国の言葉でした。それで、ああ、これは世界中のお医者さんの集まりなんだな、ということがわかりました。その中の一人のお医者さんが、「はい、谷本さん、ガウンを脱いでください」と言いました。私はいつものように、検査のために与えられたガウンと、その下にはふんどしのようなものしかつけていませんでした。そのガウンを羽織って、検査のためにいろんな部屋を回るのです。

「ガウンを脱いでください」。そう言われたとき、私はとてつもない屈辱を感じました。私が戦争を始めたわけではない、私が原爆を落としたわけでも、私が好きで原爆に遭ったわけでもない。なのに、なぜ私がそこまでしなくてはならないのか。私は神様に祈りました。でも、神様はお昼寝でもなさっていたのかしらね、すぐに助けてはくださいませんでした。

そのときに私は決めました。私が広島にいたことを、人様には決して言うまいと決心しました。その後も、私はその検査の日のことを、父にも母にも、きょうだいにも友人にも言えないまま、心の奥にずっと秘めておりました。そして東京の高校に行き、アメリカの大学に行きました。広島から逃げたかった。そして、奨学金が終わる大学四年生のとき、日本に帰るのをやめようと思いました。婚約すればアメリカに一生住める、そうすれば、あのABCCの検査はしなくても済むだろう、あの検査だけはもうしたくない、と思いました。

ですが、婚約は破棄となりました。なぜなら、私が原爆を受けているから、まともな子を産むことはできないだろうという、相手家族の大反対があったからです。それで日本に帰ってきました。それも最初は親に言えませんでした。しかし、今、私は、世界の子供たち、次の時代を担う子供たちに、私と同じ思いだけはさせたくないという一心で、世界を回っております。

私には、ずっと理解できない人がいました。私の父です。父にとっては牧師であることが、家族のことより大切であるように感じていました。そして、父はよく私に「町内で生き残った子供はお前ただ一人だった。だから、広島のため、平和のために役に立ってほしい」と言いました。私には、ABCCのこと、婚約破棄になったことなど、父に黙っていた、辛いことがたくさんありました。だから、父にそう言われれば言われるほど、拒絶の気持ちが大きくなりました。しかし、広島流川教会に四〇年いた父が、最後の説教でこう言ったんです。

「広島の被爆者のために役に立ちたいという願いは、あの地獄のような焼け野原の中で、助けてという声を振り切って、自分の家族だけを案じ、彼らを見捨ててしまったエゴへの悔い」

だと。父はあのとき、己斐《こい》という町の山の上にいました。原爆が落ちた広島は、父がいた山の上から火の海に見えたそうです。まず頭に浮かんだのは、娘はどうしただろうか、妻はどうしただろうか。それから、教会員はどうしただろうか、町内の人たちは。そういう思いで街の中心地に走った。

「助けられる人は助けたが、家の中に挟まっている人を助けようと思っても、その人の皮しか引っ張り出すことができなかった。あの一番大変なときに、あの助けてという声を振り切って、自分の家族だけを案じたこと。彼らを見捨ててしまったというエゴへの悔い。そして、家族三人無傷に助かったという申し訳なさが、私を広島の被爆者のためにと邁進《まいしん》させたのでした」。父の口からそれを聞いたとき、私はやっと父が理解できるようになりました。

聖書の一節を紹介します。口語訳聖書です。「平和をつくり出す人たちは幸いである」(『マタイ』5章9節)。私はこの訳が好きです。平和をつくり出すのはとても難しいことです。でも、日々つくり出していかなくてはいけないと思っています。この言葉はイエス様が弟子に言われたものですが、いや、私たちに言ってください、いやいや、この私に言ってください、という気持ちです。もう二度とあのような戦争がないように、今日ここに来ていらっしゃる一人ひとりが、私たち大人の責任として、戦争のない世界をつくっていかなくてはいけないと思っています。

そして最後に、父が私に言った言葉、「人から、人へ」を紹介します。「政府を動かしたり、人を動かしたりすることは無理だ。しかし、人から人へ伝わって、それは大きな波となり、いつか大きなうねりとなって、世界を変えることができる」。

私は信じています。私たちが平和をつくり出していくこと。そしていつの日か、核のない世界が来ることを、私はあきらめていません。特に日本には広島、長崎がありますから、まず、私たちが世界に向かって、核の廃絶を、そして世界の平和を願っていかなくてはいけないと思っております。

〈被爆証言〉

だから、バトンを受け取った

――被爆した祖父の小さな一歩

白神亜礼

皆さん、広島平和記念公園を訪れたことはありますか。原爆ドームがあって、最近リニューアルされた資料館があって、慰霊碑が五〇基ほどあって、とても広くて、いつもきれいに掃除されています。あの場所は、原爆が落ちる前は公園ではありませんでした。映画館や喫茶店、理髪店、呉服屋さん、写真館、旅館、そして住宅が立ち並ぶ繁華街でした。そこには、人びとの暮らしがあったのです。そこに一発の原子爆弾が落ちて、街も、人も、すべてが一瞬にしてなくなりました。原爆で焼け野原になったその場所に公園ができたのです。

私が生まれ育った金光教鯉城《りじょう》教会は、広島平和記念公園から歩いて一五分ほどのところにあります。原爆が落ちた時、そこにいた六割の方は即死しました。今日は、当時その場所に住み、四〇歳のときに被爆し、九三歳まで生きた祖父、久保田盛麿呂《もりまろ》が教えてくれた、第一歩を踏み出すことの大切さについてお話ししたいと思います。

私が一〇歳のときのことです。今でも鮮明に覚えているのですが、夏休みのある朝、みんなでラジオ体操をしていた公園に祖父が突然現れて、子供たちの前で、「明日は戦争の話をするから、集まっておいで」と言ったのです。驚きましたし、その場には近所の子や私の親友もいましたから、私は祖父の突飛な行動が恥ずかしくてたまりませんでした。翌日集まったのはたった数名でしたが、それでも祖父は戦争の話をしました。それから毎朝のように祖父がやってきて戦争の話をするものですから、私は恥ずかしさのあまり、祖父を公園に残して一人で帰ったりもしました。その後、祖父は他界し、私は三〇歳で一人の娘を授かりました。

娘が一〇歳のとき、学校から一枚のプリントをもらって帰ってきました。見ると、親子で行う原爆慰霊碑ガイドボランティアの募集チラシでした。それまでそういったチラシが目に留まることはあまりなかったのですが、祖父が公園へ足繁く通ってきたあの夏休みの自分と、娘が同じ年になっていたこともあってか、どうにも気になって、娘を誘って参加してみることにしたのです。

ボランティアの内容は、広島平和記念公園にある慰霊碑を通して、原爆の悲惨さを伝えるものでしたから、まずは、原爆に関する知識が必要でした。それで、祖父のことを調べることにしました。祖父は被爆体験を記した手記を残していました。生前、祖父から何度も読んでほしいと勧められてはいたのですが、一度も読むことがなかった手記を、そのときに初めて読みました。

原爆投下当時、祖父は家族を広島県北部の金光教上下《じょうげ》教会に疎開させ、自分は一人、広島市内の教会で、金光教の教師としてお勤めをしていました。しかし、国の命令で、教会のお勤めを離れ、近所の軍需工場で働くことになり、当日は爆心地から約八〇〇メートルの工場にいたそうです。出勤直後の八時一五分、原子爆弾の大きな爆風で建物が倒壊し、祖父は建物の下敷きになって、まったく身動きがとれなくなりました。周りにいた人は皆亡くなっているようで、誰も助けてくれる人がいません。

だんだんと周囲が炎に包まれ、もう助からないと思ったそのとき、がれきの中に一筋の光が差し込んできたのです。その光を見て、祖父は「神様、どうか助けてください」と心の中で一心に祈りながら意識を失ったのです。目が覚めたとき、祖父は建物の外にいたそうです。いつの間にかがれきから抜け出ていたため、焼かれずに助かったのです。

建物の中には、祖父のほかに約五〇人ほどいたそうですが、生き残ったのは祖父一人だけでした。それでも祖父は、全身にやけどを負い、足を骨折していたそうです。それから、意識がもうろうとする中を、必死で歩いて家族がいる疎開先に向かいました。その後、無事に家族に再会することができましたが、すぐに原爆症を発症し、全身に紫色の斑点が出て、何日も高熱が続き、生死をさまよったそうです。しかし、家族の必死の祈りの中、一命をとりとめて回復したと、手記にはそう書かれていました。

その後、実家で祖父の遺品を探していましたら、祖父が書いた未完成の手記が出てきました。そこには、最初の手記には書かれていないことが記されていました。疎開先に向かう途中、運ばれた病院で、軍需工場で一時期一緒に働いていた一〇代半ばの日系二世の青い目の少年と、偶然再会したことについてです。彼は、祖父の隣に横たわっていました。目立った外傷はないものの、大量の放射線を浴びたせいか虫の息だったそうです。それでも声を掛け合いながらなんとか一晩を過ごし、夜が明けて見たら、少年はもう動けなくなっていました。彼の枕元には、戦時中の非常食であった乾パンが数個置かれていました。祖父はこの乾パンを一つひとつ拾い上げ、心の中で「これはもう君にはいらないものだ、僕がもらっていくよ。僕はまだ、これから生きていかねばならないのだ。どうかゆるしてくれたまえ」とつぶやいて持ち去ったのだそうです。その後、少年がどうなったのかはわかりません。

祖父はそのときのことを「闇の中で、誰かがこのさもしい行為をじっと見ているような気がした」と記しています。戦時中、生きるか死ぬかの極限状態の中で、祖父のような行動をとってしまった人もいたでしょう。しかし、祖父は宗教家という、自分が助かることよりも、他人が助かることを祈る立場であったにもかかわらず、少年の少ない食べ物を持ち去ったことを後悔していたに違いありません。してはいけないことだとわかっていながら、してしまった罪の意識を抱えながら、一人でそれを背負い、戦後を生きてきたことを初めて知りました。そして私はやっと、あの夏休みに祖父がやっていたことを理解できるようになりました。

未完成だったこの原稿を、家族は誰も知りませんでした。なぜ祖父は二つ目の手記を改めて書き残したのか。私は、祖父が本当に伝えたかったことがあったのではないかと思い、祖父が残したメッセージの意味を真剣に考えるようになりました。そして、祖父は戦争の悲惨さや原爆の惨状だけではなく、戦争とは宗教家の人格や心さえも変えてしまうということを伝えたかったのではないかと思うようになりました。そこが戦争の本当の恐ろしさだということを、伝えたかったのかもしれません。

また、祖父が心にしまい込んできた、ありのままの被爆体験、ありのままの被爆の真実を書き残すことが、生き残った者としての使命であり、少年への償いだったのかもしれません。そして、生かされた祖父にしかできないことが、後世に被爆体験を伝えていくことだったのです。あの夏休み、ラジオ体操に来て、子供たちの前で戦争の話をしたのは、祖父が踏み出した第一歩だったのだということに、三〇年たってようやく気が付きました。祖父はその後九三歳で亡くなる直前まで平和活動を続けました。

私と娘が原爆慰霊碑ガイドボランティアをしていたとき、私たち親子が祖父の被爆体験に向き合う姿と、祖父の手記に基づいた内容が、ＮＨＫのドキュメンタリー番組「にっぽん紀行」で全国放送されました。もちろん、祖父の乾パンの出来事も伝えられました。ＮＨＫから取材依頼を受けたとき、本当に私たち親子でいいのか不安でしたが、ＮＨＫからの依頼は祖父の大きな願いがあったからこそ実現したのだと思い、祖父から背中を押されているような気がしました。

放送後、全国各地からいろいろな言葉をいただきました。このように、多くの方が原爆について考えるきっかけになることこそが祖父の願いだったのです。その後、その番組は翻訳され、世界一三〇カ国で放送されました。まさにこれは、祖父の願いが、第一歩が、波紋のように大きく広がった瞬間でもありました。このことを娘と話していましたら、娘から「お母さんはおじいちゃんからバトンをもらったんじゃね」と言われました。

祖父の第一歩は、決して特別なことではなかったと思います。私の第一歩も、ガイドボランティアの勉強会に参加したことです。たった一人の人間が平和を訴えたところで、世の中は変わらないかもしれません。しかし、この一歩を踏み出せるかどうかが、平和な世界をつくれるかどうかなのだと、改めて感じています。

娘は広島市内の小学校に通っていました。夏休み、八月六日の原爆の日は毎年登校日になっているのですが、毎年欠席者が増えていると聞いております。語り部の話を聞き、平和教育を受けて育っている広島の子供ですら、原爆は歴史上の遠い出来事のように感じてきているのかもしれません。平和はつくる努力をしていかないと続かないと思います。八月六日と八月九日(長崎・原爆の日)に手を合わせる。身近な人と戦争の話をしてみる。平和は、我々の身近な第一歩からつくられるものだと、私は信じています。

今日は皆さんに、祖父から受け継いだバトンを渡します。どうか、皆さんの周りの方にもこのバトンを渡してください。バトンは一つだけではありません、いくらでもあります。私も、祖父から受け取ったバトンを、これからもまた、たくさんの人につないでいきたいと思います。

III

平和、非核、人類文明の未来

——宗教者・研究者による対話

対話のはじめに

島薗 進

これからお話を伺う四人の方がたは、いろいろな背景をお持ちです。最初に立正佼成会の庭《に》野光祥《わのこうしょう》さん。近代、日本の仏教は、僧侶中心ではない在家仏教の運動が非常に大きな力を持ちますが、その一つの団体である立正佼成会、そして、立正佼成会が有力な担い手となっている、世界宗教者平和会議（WCRP）。これには、神道からキリスト教まで、非常に多くの日本の宗教団体が関わっており、世界からも九〇カ国以上が参加しています。そういう宗教の連合体で平和の問題に取り組んでいるという立場からお話をいただけると思います。

寺崎広嗣《てらさきひろつぐ》さんは創価学会の国際機構である創価学会インタナショナル（SGI）、特に平和活動の部門で、ノーベル賞をもらったICANとも緊密に連携して取り組んでこられました。創価学会も、近代の在家の仏教運動で、ご存知のように日本では大変強い政治力も持っておりますが、平和運動についても長く取り組んできたという立場からお話しいただけると思います。

続いて、韓国からおいでくださったチョン・チュジンさんは、プロテスタントの信仰をお持ちで、その立場から平和の問題にずっと取り組んでおられます。現在の朝鮮半島における平和、非核化については、とても重い我々の関心事でもあります。東アジア全体、あるいは東北アジア全体に関心がある、そういう観点から、また、キリスト教としての立場からお話しいただけると思います。

中嶌哲演《なかじまてつえん》さんは、原発銀座と呼ばれる若狭湾《わかさ》に、平安時代からある明通寺《みょうつうじ》のご住職で、若い頃から原爆の問題、また、次々と原発が建っていく中で、原発が多くの新たな被曝《ひばく》者を生んでいる、そういう状況に関わって、諸宗教・諸宗派の方がたと連携しながら、非核の問題に取り組んでこられました。

ちなみに、私自身は何教でもないという格好の悪い立場ですが、家は浄土宗、母方は神道、幼稚園はプロテスタントに通い、母はカトリックの学校で教育を受け、また、父の島薗安雄は精神科医で、一九四五年の八月、九月に広島へ参りまして、被爆者の標本をとったそうです。実は父がつくった子供の脳の切片の標本がアメリカにあるらしいんですね。ですから、私の父も、もしかしたら先ほどの白神亜礼さんのお話にあった、おじいさんのような思いを持っていたのかもしれませんが、聞かないうちに亡くなってしまいました。

それでは、順番にお話を伺います。庭野さん、お願いいたします。

人の心の中に平和の砦を

――立正佼成会の核廃絶への取り組み

庭野光祥

宗教者の連帯

立正佼成会が初めて核廃絶運動に関わったのは一九六三年九月、創立者の庭野日敬《にわのにっきょう》開祖が、日本国内のキリスト教、仏教、神道など、一八人の宗教者で構成された、核兵器禁止宗教者平和使節団の副団長としてフランス、西ドイツ、ソ連、イギリス、バチカン、アメリカなど、欧米各国を訪問したときです。

一九五一年のサンフランシスコ講和条約調印までの占領下では隠されていた、原爆の被害、被爆者の存在が少しずつ明らかになり、一九五四年三月にビキニ環礁で行われたアメリカの水爆実験で、第五福龍丸が被曝する事件が起きると、杉並区の女性たちに端を発した反核運動が全国に広がります。

日本の宗教界では、新宗教の連合体であり、立正佼成会も属している、新日本宗教団体連合会が、核兵器の使用、および実験に反対する決議を採択いたしました。また、神社本庁、全日本仏教会、日本キリスト教連合会、教派神道連合会、そして新日本宗教団体連合会の五つの連合体によって構成される日本宗教連盟も、原水爆実験禁止の声明を出しました。しかし、一九六〇年代前半には再び核実験が急増、一九六二年のキューバ危機により、米ソの緊張は核戦争一歩手前というところにまで高まります。このような危機的状況に国際的批判が高まる中、一九六三年八月、米英ソの三国は部分的核実験禁止条約の調印にこぎつけます。この条約は、条件付きながらも冷戦下で核開発を抑制した、画期的な条約であるとも評されますが、ご存知のように中国、フランスなどは調印をせず、多くの問題点がありました。日本の核兵器禁止宗教者平和使節団が欧米を訪問したのは、この部分的核実験禁止条約の調印の翌月でした。

一行はローマ教皇パウロ六世、ウ・タント国連事務総長をはじめ、各国の宗教指導者に核実験と核兵器の生産、貯蔵、使用の全面禁止を訴える平和提唱文を手渡します。この、「核兵器の生産、貯蔵、使用の全面禁止」は、二〇一七年に採択された、核兵器禁止条約が求めたものです。つまり、すでに一九六三年の時点で、日本の宗教者によって、同様の主張が世界に発信されていたと言えるでしょう。しかし、残念ながら核廃絶という使節団の目的に神経を尖《とが》らせたソ連のフルシチョフ首相、アメリカのケネディ大統領との会見は実現しませんでした。被爆国日本の宗教者が行動を起こしたこの使節団での経験は、その後も核軍縮・平和運動のために、常に宗教協力を通して力を注いでいこうという、庭野開祖の確信となりました。以来、私たち立正佼成会の核廃絶の取り組みは、立正佼成会独自のものというよりも、常に宗教協力を基盤に取り組んでおり、これは今も変わらない立正佼成会の姿勢です。

バチカンとともに

上智大学の母体であるイエズス会、また、バチカンとの関係としては、一九六五年、第二バチカン公会議に、庭野開祖が仏教者として唯一招かれました。そして、パウロ六世教皇と再会いたしまして、その際、教皇の「今や宗教が対立しているときではない。互いに手を取り合って、平和のために尽くすことが宗教者の使命である」との言葉に、宗教協力への確信を強め、その後、米国、インド、西ドイツなど、各国の宗教者とともに準備会議を重ね、一九七〇年、非武装、開発、人権というテーマのもと、京都で第一回世界宗教者平和会議（WCRP、現在では名称をReligions for Peace, RfPといいます）を開催いたします。

開祖は開会式で会議のテーマについて、

> 平和とは、単に戦争がない状態を言うのではない。貧困、飢餓の苦しみや、人間としての基本的な自由を抑圧される苦しみを地球上から一掃したときに、初めて人類に平和が訪れ

るのである、という見解に立って、この会議は「非武装・開発・人権」の三つをテーマとした。

と語り、非武装を中心テーマの一つとしました。先ほども積極的な平和というお話がございましたが、当時、既にそのような見解に立っていたと言えるでしょう。

今日のシンポジウムの開催を説明した文書の中に、「宗教こそが平和を妨げているように見えることがある」とのご指摘がありました。当時の宗教者も、それまで宗教者があまり目を向けてこなかった、世界各地の紛争、貧困、差別といった現実の課題に真摯に目を向け、自らの平和への責任に対する自戒の念を強くしていました。大会宣言文にある次の一節がそれを物語っています。

我々はしばしば、我らの宗教的理想と平和への責任とに背いてきたことを、宗教者として謙虚に、そして懺悔《ざんげ》の思いをもって告白する。平和の大義に背いてきたのは、宗教ではなく宗教者である。宗教に対するこの背反は改めることができるし、また、改められなければならない。

この戦争に対する宗教者の反省こそが、ＷＣＲＰ創設の原動力であり、その後の活動を支える精神となりました。同時にこれは、すべての宗教者は共通の大義である平和のために、手を携えて行動すべきであるという宣言だとも言えます。

冷戦時代、一九七八年、八二年、八八年の計三回、国連で軍縮特別総会が開かれました。庭野開祖はその三回すべてでスピーチに立ちました。第一回は世界宗教者平和会議、ＷＣＲＰ名誉議長として、第二回は国際自由宗教連盟会長として、そして第三回はそれまでの活動が認められ、立正佼成会の会長としてのスピーチでしたが、いずれも国際的な諸宗教協力ネットワークの価値が認められてのスピーチでした。この、諸宗教協力ネットワークというところが、私どもの取り組みを象徴しています。

核抑止論の否定

第一回の軍縮特別総会で、開祖は冷戦下にあったアメリカのカーター大統領とソ連のブレジネフ書記長をはじめとする、世界の為政者に対して、「危険を冒してまで武装するよりも、むしろ平和のために危険を冒すべきである」と、心の改革を訴えました。第二回の総会では、「核戦争がもたらす恐るべき破壊と殺戮《さつりく》の前には、どのような正義も不正義も吹き飛んでしまいます。生き残るもののない戦争に、勝者も敗者もなく、傍観者であることさえ許されません。

あるのは、生命の尊厳に対する冒瀆《ぼうとく》、ただそれだけであります」と語りました。そして第三回では、「世界の安全が力による恐怖の均衡ではなく、新しい価値観に基づくものでなければならない」と述べました。

これらは、軍事や武装によらない、信頼醸成を基盤とした安全保障の重要性を述べたもので、今も核兵器が存在し続ける最大の要因とされる、核抑止論を否定したものです。核抑止論の本質は、威嚇、脅しであり、それは他者への疑いや不信から生まれます。現在の北朝鮮核問題を見てもわかるように、抑止論のような相互不信を増長する関係は、抑止どころか、むしろ核使用の危険性を高めます。「危険を冒してまで武装するよりも、むしろ平和のために危険を冒すべきである」というメッセージは、心の改革を訴える宗教的メッセージであると同時に、現実に核抑止論を乗り越えるための、議論の出発点でもあります。

この出発点に立って、宗教者が世界各地で声を上げ、各界の人びとと手を携えて、核廃絶実現の最大の障壁である、核抑止論の再検証を求めていく。その際、被爆者が語る被爆の実相と、科学的予測に基づいた再検証が行われることが大切だと思います。このことは、核兵器禁止条約が成立してもなお、北東アジアをはじめ、世界各地で核兵器の誤使用や事故、盗難、テロ攻撃などのリスクが非常に高まっている今、とても重要だと考えています。

第二回軍縮特別総会の際、立正佼成会では、新日本宗教団体連合会の加盟教団と連携して、三七〇〇万人の署名を集めて核廃絶の祈りを総会に届け、また、世界軍縮キャンペーンの推進のために一〇〇万ドルを国連事務局に寄託いたしました。この寄託金は会員一人ひとりが、「同悲・祈り・布施」の心で、月に何回か食事を抜いて献金する「一食《いちじき》を捧げる運動」の「一食平和基金」から拠出いたしました。一食平和基金では現在も、国連世界食糧計画（ＷＦＰ）やミャンマーの学校給食事業、また、国連パレスチナ難民救済事業機関と看護師の養成事業、他にもユニセフなどと協働して、国連の持続可能な開発目標（ＳＤＧｓ）への貢献につながる事業を行っています。このように、私たち会員一人ひとりが署名活動をしたり、実際に食事を抜いて空腹を味わって献金することは、地球上で起きている誰かの痛みを遠い他人事ではなく、少しでも自分事と捉えることで、信仰的に深まる機会であり、同時に、子供や学生たち、そして私たち自身への、平和教育としての役目も果たしていると考えています。

仏教では、すべてを関係の中で捉えますが、庭野開祖は核廃絶に関しても、これを孤立した事象として捉えるのではなく、さまざまな問題との関連の中で考えるべきだと捉え、国連でも「軍縮によって生み出された費用を、直ちに開発途上国の援助に振り向けるべきだ」と繰り返し主張してきました。二〇一七年一一月のバチカンでの国際会議の文書にも、「すべてのものがつながっている、すべての人がつながっている。私たちはともに核兵器を廃絶し、統合的人間開発に投資し、平和を築くことができる」とうたわれていますし、また、国連のＳＤＧｓの文書でも、「平和なくしては持続可能な開発はあり得ず、持続可能な開発なくして平和もあり得ない」と、軍縮、平和、そして、開発を関連づけて捉えています。

核兵器は絶対悪

この軍縮と平和、開発の関係をもとに、WCRPの国際青年ネットワークは、二〇一〇年、「ARMS DOWN! 共にすべてのいのちを守るためのキャンペーン」を行いました。核兵器廃絶と通常兵器の削減により世界の軍事費を一〇パーセント削減し、その削減分を国連ミレニアム開発目標(MDGs)達成のために活用するという目標を掲げたこのキャンペーンは、一〇カ月間、世界一四〇カ国で行われ、二一〇〇万人以上の署名が集められました。日本では立正佼成会の青年も、仏教、神道、キリスト教、イスラム教など、諸宗教の青年と協力し、一〇〇〇万人を超える署名を集めました。一口に一〇〇〇万と言っても、他者への関心やつながりが希薄になり、政治に無関心な人の多い日本において、核兵器廃絶、軍縮というテーマで、これだけの署名を集めるのは簡単なことではありませんでした。暑い日も寒い日も街頭に立ち、見知らぬ人から嫌がらせを受けることもありました。小学生は、先生に学校では署名を集めてはいけないと言われ、がっかりして帰ってきました。企業に協力を求めた学生たちは、利益につながらないからと断られました。しかし、個人的に署名をしてくれる先生や、励ましてくれる人もいました。そういう一人ひとりの思いが積もり積もった、一〇〇〇万人の署名です。このARMS DOWN! の署名活動や、一食を抜いて献金する経験が、青年に貧困や核問題を傍観者ではなく、当事者として捉える自覚を深めさせてくれました。

今年(二〇一九年)八月、ドイツで第一〇回の世界宗教者平和会議が開かれます。テーマは「"Caring for Our Common Future" 慈しみの実践：共通の未来のために」です。現在WCRPに加盟する世界九〇カ国以上で準備が行われており、日本でも三月にカトリック玉造教会でシンポジウムを開催いたしました。私は基調発題をさせていただきましたが、シンポジウムの後、一人のご高齢の男性が私のところにいらっしゃいました。戦争末期、本土にも敵の爆撃機が飛来するようになったある日、中学生だったその方は空襲に見舞われて、火の手が上がる中を逃げ惑い、呆然と周りを見渡していたそのとき、突然心の中から湧き上がってきたのは怒りだったそうです。それは、敵国に対する怒りでも、爆撃機に対する怒りでもなく、大人に対する怒りでした。なぜ、大人はこんなことをするのか。なぜ、大人はこんなことを許すのか、と。

国の安全保障を核抑止政策に頼る国々は、核兵器を「必要悪」と考えているわけですが、私は「絶対悪」だと考えます。私たちは原爆というと、広島に原爆を落としたB-29、エノラ・ゲイの乗組員の方がたが撮影したキノコ雲を上から見下ろす映像を思い浮かべます。しかし、本当に思いをはせなければならないのは、さきほど、近藤紘子さん、白神亜礼さんのお二人からお話をいただいた、キノコ雲の下で展開していた何万、何十万もの人びとの地獄の苦しみ、痛み、悲しみのはずです。それが想像を絶するものだとわかっていても、私たちはキノコ雲の下を想像してみなくてはならないと思います。

庭野開祖は「軍縮問題がいかに複雑な技術的問題であっても、究極的には心の問題と倫理的決断」であると、第一回軍縮特別総会で述べました。ユネスコ憲章の前文にも、「戦争は人の心の中で生まれるものであるから、人の心の中に平和の砦《とりで》を築かなければならない」という、有名な一節があります。すべての対立、暴力が人の心の中から生まれるなら、核兵器を生み出すのも人の心です。

現在、WCRP日本委員会、また国際委員会でも、ICANなどと協働して核兵器廃絶に向けた活動や、各国の禁止条約への署名と批准に向けた努力を続けています。これからもこのような現実の取り組みを進めるとともに、宗教者は心の問題、私たちの心の中にある暴力や戦争の種と向き合い、内なる平和を育むことに一層取り組んで参りたいと思います。なぜなら、一九八〇年代以降、核弾頭が削減されたのは、当時のゴルバチョフ書記長とレーガン大統領という二人のリーダーが削減すると心に決めたからであるように、核の使用は、最終的にそのボタンを押す人の心ひとつにかかっているからです。宗教者の取り組みは遅々として、時になんの効果もないと思われるかもしれません。しかし、すぐに成果の出ないような問題こそ、国益や自己の利益を超えた価値を信じる宗教者が取り組むべき課題であると、私は信じております。

最後に、核兵器禁止条約が採択された後、ＷＣＲＰ国際事務総長とＩＣＡＮの事務局長であるベアトリス・フィンさんとの共同で、世界の宗教者に向けて手紙を書き、全世界のＷＣＲＰに加盟しているところをはじめとする各国の宗教者に届けました。この条約は各国で批准されることがとても大切ですが、この手紙を受け取ったＷＣＲＰのリーダーでもある、レバノンの宗教者が、サアド・ハリーリ首相のもとに行って、この手紙にある通りにことの大切さを説き、署名式への参加を前向きに検討するという回答が得られました。残念ながら、いまだ署名も批准もかなわず、本当に遅々とした取り組みですが、これからもこのような取り組みを、私たちも続けてまいりたいと思います。

生命の尊厳、平和の文化を求めて
——創価学会の核兵器廃絶への取り組み

寺崎広嗣

対話による平和運動

今日は創価学会インタナショナル(SGI)の平和運動総局長としてお話をさせていただきます。

二〇一七年という年は非常に歴史的な一年でした。七月七日に国連で核兵器禁止条約が採択され、一〇月には核兵器禁止条約の推進役を市民社会の側から担った核兵器廃絶国際キャンペーン(ICAN)のノーベル平和賞受賞が決まり、授賞式が一二月一〇日にオスロで行われました。一一月には、この意義をさらに広げるため、核兵器のない世界を目指す重要な国際会議「核兵器のない世界と一体的な軍縮のための展望」がバチカンで開催されました。

幸いなことに、私はこの三つの重要な場のいずれにも参加させていただきました。とりわけ、核兵器禁止条約が賛成多数で採択されたとき、その劇的な瞬間をICANの友人たちと分かち合った感動と興奮は、今もって忘れることができません。そのときに改めて抱いた、核兵器廃絶への強い決意を、生涯忘れることはないと思います。また、一昨年(二〇一七年)、バチカンでの会議に際し発表された、ローマ教皇フランシスコの呼びかけ、「核兵器などの大量破壊兵器は偽りの安心感を生み出すだけです。連帯の倫理に育まれた人類の平和的共存の基盤を築くことはできません」とのメッセージに、心から賛同したいと思います。

さて、創価学会、また、その国際機構であるSGIは一三世紀の日本の仏教僧である日蓮の教えを信奉する団体です。一九三〇年の創立以来、創価学会は仏法の生命の尊厳感を基調に、平和、文化、教育の活動に取り組み、〝人間革命〟という言葉に込めた思想を重んじております。これは、創価学会第三代会長であり、現SGI会長の池田大作先生の著作である、小説『人間革命』および『新・人間革命』を貫く主題であり、「一人の人間における偉大な人間革命は、やがて一国の宿命の転換をもなし遂げ、さらに全人類の宿命の転換をも可能にする」というものです。本日、私からは、この人間革命という視点を含め、創価学会、SGIが取り組んできた核兵器廃絶の活動を述べさせていただきます。

小説『新・人間革命』は、創価学会の歴史と民衆の平和運動をつづった、三〇巻にもおよぶ大著で、昨年(二〇一八年)の九月八日に当会機関紙での連載が完結いたしました。平和への切なる願いと、次の時代を担いゆく人びとへの期待が込められた本の結びには、次のようにつづられています。

社会も、国家も、世界も、それを建設する主体者は人間自身である。「憎悪」も「信頼」も、「蔑視」も「尊敬」も、「戦争」も「平和」も、全ては人間の一念から生まれるものだ。したがって、人間革命なくしては、自身の幸福も、社会の繁栄も、世界の恒久平和もあり得ない。この一点を欠けば、さまざまな努力も砂上の楼閣となる。

創価学会は長年、一人の人間が持つ無限の可能性と、生命の尊厳に主軸を置いた、対話による平和運動を地道に続けてまいりました。とりわけ、人間の尊厳を踏みにじる核兵器の廃絶に向けた行動が、平和構築への最も重要な運動であるととらえ、被爆者の方の声を世界へ届けながら、反核の展示活動や反戦出版など、草の根の運動を展開してまいりました。その原点は、今から六二年前、創価学会の第二代会長戸田城聖先生が行った、今日、〝原水爆禁止宣言〟と呼んでいる宣言にあります。

一九五七年九月八日、戸田先生は横浜・三ツ沢の陸上競技場に集った、約五万人の青年にこう訴えました。「核兵器の存在は、一人ひとりの生命の権利、人類の生存の権利に対する最大の脅威であり、いかなる理由があろうと許されない〝絶対悪〟である（趣意）」。これは、当時、水爆や大陸間弾道ミサイル（ＩＣＢＭ）の実験が行われ、米ソの核兵器開発競争が激化する中、戸田先生が人類の生存さえ断絶しかねない原水爆の本質を、国家や政治体制、人種や民族といった次元を超えて、人間の生命に対する権利という視座から告発したものです。

ＩＣＡＮとの歩み

創価学会は、この原水爆禁止宣言に込められた反核平和の思想をもとに、さまざまな活動を進めてまいりました。冷戦下、国際情勢が一層緊迫した中でも、核兵器廃絶へ向けて勇気ある行動を継続しました。一九七三年に行った、一〇〇〇万を超える署名活動は、核兵器廃絶の取り組みを大きく広げ、七四年には池田先生が旧ソ連のコスイギン首相と会談し、ソ連が当時敵対関係にあった中国を攻める意思がないことを確かめ、のちに中国側へ伝えるという、民間における平和外交を担いました。コスイギン首相との会見の折、首相から創価学会の思想は何かと問われた池田先生は、「平和主義、文化主義、教育主義、その根底は人間主義です」と即答しております。

一九八二年には第二回軍縮特別総会が開かれる国連本部で、当時の国連軍縮局とともに、その後の核保有国を含む世界展開のスタートとなる、核兵器廃絶を訴える展示を行いました。そして、翌八三年、この年はＳＧＩが国連経済社会理事会と協議資格を持つＮＧＯとして登録された年ですが、それから毎年一月に池田先生が、ＳＧＩ会長として平和提言を発表し、九五年以降の提言では、核兵器禁止条約の必要性を繰り返し訴えてきました。

冷戦後、そして二一世紀に入ってからも、世界各地で署名や展示運動、被爆体験などを収めたＤＶＤ上映運動等を続けております。ちなみに国連等の場において、私たちは一貫して市民社会に足場を置き、平和のための教育を推進している団体だと認識されるようになってまいりました。

戸田先生の原水爆禁止宣言から五〇周年の節目となった二〇〇七年は、ＩＣＡＮが発足した年です。私たちとＩＣＡＮとの縁は深く、一九八七年に池田大作先生がＩＣＡＮの母体である、核戦争防止国際医師会議（ＩＰＰＮＷ）の共同創設者である、当時のバーナード・ラウン共同会長とお会いし、その後、今日に至るまでＩＰＰＮＷとＳＧＩは相互に良きパートナーとして関係を継続してきました。二〇〇七年一〇月一日、今でもよく覚えておりますが、創価学会の本部を訪れたＩＣＡＮの創設メンバーであるティルマン・ラフさんから、国際パートナーとして協力してほしいとの要請があり、ＳＧＩとＩＣＡＮの歩みがスタートいたしました。私たちが共同制作を行った展示、「核兵器なき世界への連帯」展は、これまで世界二〇カ国、九〇都市で開催され、多くの人びとへ核兵器の非人道性を訴え、平和のメッセージを届けています。

今から一二年前にＩＣＡＮが立ち上がったとき、国際社会の核軍縮の動きは止まったままでした。その状況からわずか一〇年で、ＩＣＡＮが世界各国の青年たちをキャンペナーとして糾合していく地道な取り組みは見事でした。彼ら、彼女らは各国の政府代表部の外交官と果敢に対話し、核兵器が使用されたら何が起こるのか、最新の科学的知見も駆使して、各国政府に政策転換を迫っていきました。また、その中で専門性を身につけ、成長していく姿は大変印象的でした。私たちＳＧＩも、ＩＣＡＮの一員として、各国で青年同士が協働する場面が増えていきました。実は、二〇〇七年はＳＧＩとしても、〝核兵器廃絶への民衆行動の一〇年〟という独自の取り組みを開始しており、ＩＣＡＮとの協働をはじめとする、他の多くの団体との連帯の広がりは、まさに時宜を得たものでした。

核兵器の根源的な問題

私たちの核廃絶へ向けた四つの取り組み、(1)市民社会が連帯して声を上げる、(2)核兵器の非人道性の議論を中軸に据える、(3)国連を舞台に条約づくりを進める、(4)被爆者の思いを条約の基本精神に刻む、という潮流を国際社会へ押し上げる努力を続ける中、二〇一七年七月、ついに一二二カ国(地域)の賛成多数を得て、核兵器禁止条約が国連で採択されました。

この核兵器禁止条約の前文には、「国際連合、国際赤十字赤新月運動、その他の国際機関、および地域的機関、非政府機関、宗教指導者、議会の議員、学者、並びに被爆者が行っている努力を認識して」とうたわれております。軍縮に関する重要な国際条約は数多くありますが、その中で、被爆者とともに宗教者の役割に言及されたものは初めてではないでしょうか。宗教者には、人間性の最も根幹にある、価値や信念を基盤として現実社会に貢献していく使命があると、私たちは考えます。核兵器についても、こうした議論を深めなければなりませんし、それが宗教者に求められている役割ではないかと思います。

そういった役割を果たすべく、カトリック系の平和団体である Pax Christi International（PCI）や、プロテスタントを中心とした団体である世界教会協議会 World Council of Churches（WCC）等の多くの団体とともに、SGIは〝核兵器を憂慮する宗教コミュニティ〟として、国連総会や、核不拡散条約（NPT）再検討会議、核兵器禁止条約交渉会議等で、これまで一一回にわたり、核兵器の禁止と廃絶を求める共同声明を発表してまいりました。

声明では次のように訴えています。

私たちは信仰者として、全人類が安全と尊厳の中で生きる権利を求めています。私たちは良心と正義の要請を心にとどめるよう努力し、弱きものを守り、現在と未来の世代のために地球を守る責任を果たす決意を共有しています。核兵器はこうした価値観や約束ごとをないがしろにするものです。私たちはある特定の国や民族の利害等を、人類や地球全体の利益に優先させるような安全保障観を決して受け入れることはできません。核兵器の恐ろしい破壊力を鑑みれば、核兵器の廃絶は真の人間の安全保障への唯一の道だと言えます。

この言説は、異なる宗教間で議論を重ねてつくったもので、宗教間対話の一つの大きな成果であると思っております。

さて、核兵器の根源的な問題は、それが自らの欲求のために無差別かつ大量に人びとを殺戮し、文化や歴史、人びとの営みそのものを破滅させることを前提としている兵器であり、他者の存在を徹底的に否定しているところにあります。それは人間性の否定であり、幸福への権利の否定であり、生命に対する権利の否定であります。私たちは生命の尊厳を訴える仏法者として、こうした、他者を否定する思想に対抗しうるものとして、人間が共通して本来備えている、共感の力を広げる持続的取り組みこそが最重要であると信じています。次の釈尊の言葉も、この点を見出しています。「すべての者は暴力におびえる。すべての生き物にとって生命は愛《いと》しい。己が身にひきくらべて、殺してはならぬ。殺さしめてはならぬ」。苦しみや危害を避けるのは普遍的な本能であると言えます。また、私たちには本来、一人ひとりの存在がかけがえのないものであることを感じ取る、共感の力があります。それは、他者にとっても同じだと感じられる度合に応じて、他者の現実の苦しみと尊厳を感じ取ることができます。こうした共感が国境を越えて広がるとき、安全への道筋を最も確実にする対話が可能になると思います。

また、科学技術と倫理の関係についても一言述べたいと思います。核兵器の廃絶は、核兵器を物理的になくすことはもとより、科学技術への盲従から人類を解放するプロセスとしなければなりません。科学技術は、それまで私たちがなしえなかったことを可能にするかもしれませんが、もし可能になったとしても、なすべきではないこともあるのです。ここに、人間が倫理を優先させる精神的強さを持つことの重要さがあります。

核兵器の時代を終わらせるために

さて、先月、(二〇一九年)四月末からニューヨークの国連本部で行われた、来年のNPTの再検討会議の準備委員会に、私たちSGIの代表も市民社会の立場から参加いたしました。そして、その場で提出した声明の中で、私たちは安全保障のあり方について次のように主張しました。「破滅的な非人道的結末は、いかなる状況においても核兵器が二度と使用されてはならないという要請を生じさせます。被爆者は自ら経験した言語に絶する苦しみに照らして、核兵器の使用は二度とあってはならないとの明確な声を上げ続けてきました。核抑止を積極的に支持しないまでも、安全保障のためにはやむをえないと考える人びとは、核保有国や核依存国の中にも少なくありません。安全保障はさまざまな要因が関係するため複雑に見えるものの、一人ひとりの目線に立てば、従来の国家の安全保障では見過ごされてきた、人びとの苦しみの深刻さが明確に浮かび上がってきます。真の安全保障は、すべての人びとが個人として実感できる安心感を享受し、未来への希望を育んでいける世界に向けた、構築の努力でなければなりません」。

SGIは、二〇一八年五月に国連のグテーレス事務総長が発表した軍縮アジェンダにおいて、長らく軍縮議論の中核を占めてきた、安全を守るという観点だけではなく、人類を守るための軍縮、人命を救うための軍縮、未来世代のための軍縮という、三つの立脚点が新たに打ち出されたことに、深く共鳴しているところです。

この他に、皆さんと共有したい話があります。今年(二〇一九年)二月に行われた、核兵器廃絶日本NGO連絡会で、日本原水爆被害者団体協議会の田中熙巳《てるみ》代表委員が次のように語られました。「安全保障が、戦争を前提として議論されていること自体が、そもそもおかしいことを指摘したい。最大の安全保障は戦争を起こさないことではないのか。議論が逆立ちしている。戦争すること自体が安全ではないということに、立ち返らなくてはならない」。まさにそのとおりではないかと思います。さらに私たちSGIは、核兵器の時代を本当に終わらせるために真に対決し克服すべきは、自己の欲望のためには相手の殲滅《せんめつ》も辞さないという、核兵器を容認する思想そのものであるということを訴え続けております。

冒頭で紹介した、戸田先生の原水爆禁止宣言が発表されたのが青年の集いであったように、創価学会、ＳＧＩは、一貫して平和運動の担い手が青年であることを期待し、また事実、学生を含め多くの若い人びとが、地域と社会に友情を広げる対話運動の先頭に立ってくれています。池田先生は昨年(二〇一八年)六月、アルゼンチンの人権活動家で、ノーベル平和賞受賞者でもあるアドルフォ・ペレス゠エスキベル博士と、世界の青年に向けた共同声明を、ローマの地で発表いたしました。その中で、世界市民教育を通じた青年のエンパワーメントの推進を提唱しています。

要点は三つです。一つは、悲惨な出来事を繰り返さないため、歴史の記憶を胸に、共通の意識を養う。次に、地球は本来人間がともに暮らす家であり、差異による排除を許してはならないことを学ぶ。そして三つめに、政治や経済を人道的な方向に向け、持続可能な未来をひらくための英知を磨く、というものです。この三点はいずれも、教皇フランシスコの数々のメッセージにも基盤を置いています。大事なことは、一人の人間の変革が、社会や国家、そして人類に大きな変革をもたらすといっても、その一人をどう育み、エンパワーし、励まし続けるかが大きな鍵だということです。

今年(二〇一九年)は国連で「平和の文化に関する宣言と行動計画」が採択されて、二〇周年を迎えます。平和の文化は一人ひとりを大切にし、その悩みに真摯に耳を傾け、ともに苦楽を分かち合う温かな人間愛、決して誰も置き去りにしないという、深き慈愛と思いやりの心から育まれるものであると信じます。また同じく、平和構築における女性の参画をうたう、国連安全保障理事会決議第一三二五号についても、私たちは平和の文化と女性の権利向上のために、決議の履行を訴えております。

平和ほど尊いものはありません。そして、その平和を脅かす戦争ほど、悲惨なものはありません。実際に戦争で苦しまれた人の体験を皆で共有していく、軍縮教育もまた、核兵器のない世界の構築へ重要な役割を果たすものです。本日のシンポジウムのような場を通して、これからますます宗教者、学者、また、市民社会の対話が促進されることを願います。そして、私たちは共感の力をベースに、深刻度を増す安全保障環境の転換に尽くしてまいりたいと思います。

平和と統一、和解への課題
——韓国における核問題とキリスト教会

チョン・チュジン

北朝鮮の核に対して

今日は皆さんと、朝鮮半島の核兵器に対する、キリスト教会の役割について分かち合いたいと思います。私はNCC Korea（The National Council of Churches in Korea, 韓国キリスト教教会協議会）の正義平和委員会に所属しておりますので、その立場で韓国のプロテスタント教会の役割についてお話をいたしますが、NCC Koreaを代表して発言するものではないことをご了承ください。

まず最初に、北朝鮮の核兵器開発と韓国社会についてお話しします。韓国と国際社会による二〇年にわたる努力が失敗し、北朝鮮が事実上の核保有国となって、国際的な関心が朝鮮半島に注がれました。努力が実らなかった理由の一つは、対応に一貫性がなかったところにあると思います。それ以降、アメリカの非常に暴力的な対応により、政治的、軍事的な緊張が高まりました。北朝鮮は、アメリカと対話をするために核を開発したと言っても過言ではありません。北朝鮮に対するアメリカの一貫した敵対的対応、また、韓国が北朝鮮と敵対関係であったことも、北朝鮮の核開発を後押ししました。

さらに、韓国の政権を握る保守的な人びとが、北朝鮮との対話を重視してこなかったことによっても、両者の緊張が高まったと思います。韓国と北朝鮮が非常に不安定ながらも平和を維持してきたところへ核兵器が出現することは、非常に危険な状況をつくり出します。たとえ北朝鮮の核兵器保有の目的がその使用でないとしても、その存在自体が朝鮮半島の武装状態のリスクを高める原因になっていくでしょう。韓国は核兵器こそないものの、最先端の武器で武装しており、今、その武装状態のリスクがだんだんと高まっています。これはやはりアメリカの軍事的、政治的介入が原因だと考えられます。一例をあげますと、アメリカ軍による、韓国へのTHAAD(終末高高度防衛)ミサイルの設置です。これは韓国社会に非常に大きな問題を起こしました。特に、設置場所の近隣の住民たちは非常に困っています。

韓国では、北朝鮮による核の保有は非難されていますが、核兵器自体はそれほど非難の対象になっていません。むしろ、保守的な政治家の中には、韓国も核兵器を持つ必要があると主張する人もいます。また、進歩的な政治家たちは朝鮮半島における非核化を主張していますが、それも単に政治的な理由にすぎません。そして市民には、北朝鮮が韓国と国際社会の期待を裏切り、核兵器によって韓国が政治的に不利な状態に置かれたことに対する怒りが蔓延しています。二〇一七年の北朝鮮による核実験の後、韓国で行われた世論調査によると、北朝鮮に対応するために韓国も核兵器を持つ必要があるとする意見が五〇パーセント以上を占めました。進歩的な政治家ですら二五パーセント以上の人が核兵器保有を支持しました。これは、現実的に核兵器を持つかどうかは別としても、北朝鮮が持っているからには自分たちも持たなくてはいけないという考え方だと思います。

このように、韓国では核兵器自体に対する拒否反応は、残念ながらあまりありません。ただ、その世論調査の内訳を見ますと、六〇代以上の人びとが核兵器を持つことに賛成する一方で、若い人びとが核兵器に反対していることについては希望があるかもしれません。日本は原爆で大きな被害を受けましたが、韓国では日本の原爆被害についてはあまり意識されていません。在日韓国人の人びとの中にも原爆被害者がいるにもかかわらずです。その理由は、当時の日本が韓国を植民地化していたという被害者意識にあります。

朝鮮半島における平和とは

さて、核兵器廃絶に向けた、韓国の教会の役割について申し上げたいと思います。ここでいう教会とは、NCC Korea, プロテスタント教会を中心として活動している人びとを指しています。NCC Korea は韓国のプロテスタント教会の中において多数派ではありませんが、進歩的な人びとによるメッセージを発信しています。NCC Korea が主張しているのは平和統一です。平和と統一、和解という立場から核の問題を取り扱ってきました。平和的統一を試みながら、朝鮮半島における非核化を実現するためには、韓国が包容力を持つ必要があるという主張です。

これまで個人的な意見として核兵器廃絶を主張する人はいましたが、NCC Korea として核兵器自体がテーマとなることはありませんでした。しかし、去年(二〇一八年)の一二月、WCC(世界教会協議会)の要請を受けて、韓国の教会も韓国政府との交渉に協力することになったのです。ご存知のとおり、WCCはICANと協力しています。それで現在、韓国政府とNCC Korea が核兵器廃絶のために交渉しているところです。ところがこれも、核兵器の問題に積極的にかかわるというよりは、WCCの要請を受けて対応しているといったような、消極的なものでしかないようです。そこでは、軍縮や核兵器の問題というよりは、やはり、朝鮮半島における平和が中心的な問題になっているように見えるのです。いずれにしてもこの活動は、韓国政府の核兵器禁止条約への参加を促すものです。

韓国の教会の立場は進歩的な市民団体の考えとそれほど変わりません。ですが、教会の活動は、進歩的な核廃絶団体より積極的だとは言えませんし、教会の中でそういったことを体系的に促進していく機関もない状況で、実際には平和のメッセージを出す場合、核兵器にも言及するという程度です。これは、日本の原爆被害について、教会の認識が不足していることも一つの問題だと思います。教会の中にある、「日本はなぜ、私たちに対する過去の過ちを認めないのか」との認識が、韓国の市民たち、あるいは韓国の信徒たちが、日本の原爆被害を積極的に語ることができない状況をつくり出しています。

現実問題として、韓国の教会の立場は、北朝鮮の核兵器廃絶よりも、朝鮮半島全体の平和をどのように保っていくかに軸足を置いているように思います。教会の中には、北朝鮮との問題を自ら解決しなくてはならないという問題意識がありますし、市民団体も同じような考えを持っています。北朝鮮が核兵器を持つことによって、この方向性が少し変わってはきましたが、残念ながら、核兵器の問題を世界的な視野で見るところにまでは達していません。そういう意味で、積極的な平和にまでは、まだ踏み出していないところだと思います。

核兵器の問題は、最終的には東北アジアの緊張を高めることになるでしょう。韓国政府は去年、韓国と北朝鮮との関係を改善するための試み(三回の南北首脳会談)をし、その成果を少し出しました。しかし、武器の生産や増強について言及するには至っていません。その一方で、韓国の防衛計画を見ると、北朝鮮の核兵器に対応するため、徐々に国防費を増加させています。この状況は、韓国と北朝鮮、またはアメリカと北朝鮮の関係が今後どうなるかによって変わる可能性がありますが、最早北朝鮮の核兵器をなくすことができない状況の中にあって、朝鮮半島の緊張は当面続くものと考えます。

北朝鮮によって世界平和が脅かされることは、日本にとっても心理的な圧迫となります。それによって、日本も核兵器を持つべきだと主張する政治家たちに、正当性を与えるかもしれません。日本は技術的には核兵器を持つことができると言われていますし、また、台湾も同様の試みをしていると言われています。今、韓国の教会は、南北の政治家たちの対話を支持していますす。それにとどまらず、朝鮮半島を越える世界的な平和という立場で、核兵器のことを考えていくことが必要であり、そのための教育を教会が担っていく必要があると考えます。ですが、現在は教会の中でそれが具体化されているわけでも、体系的になされているわけでもありません。

教会が信仰教育の中の、道徳的教育の一つとして、核兵器の問題を取り上げていくことが、いかに大事なのかということを認識する必要があると思います。また、これは決してトップダウン方式ではなく、市民からの声を収斂《しゅうれん》し、より具体的に、そして積極的に平和を構築していくボトムアップ方式で、核兵器の問題を取り上げなければならないと思います。

今、南北の対話が停滞しています。国民の支持を得なければ、韓国は北朝鮮との対話を続けることができません。この対話が持続するように、教会は、信徒たちに積極的な対話の重要性を、教育的な立場で、キリスト者の義務として強調する必要がありますし、それが最終的には東北アジア、そして世界の平和につながるものだというビジョンをもって、教会活動に参加するよう導く必要があると思います。

「総被曝」の危機の時代に

――原発銀座・若狭からの報告

中嶌哲演

一人の原爆被害者との出会い

私の故郷の若狭は原発銀座と言われておりまして、世界一の原発密集地帯であり、ある意味では現代の核文明の縮図であるとも思っております。その中で、私が一仏教者、あるいは住民として、核問題とどのようにかかわってきたかをお話しします。

さきほど被爆体験を語ってくださった近藤さんと白神さん、素晴らしいお話をありがとうございました。また新たに二人の被爆者の方と出会うことができました。これまで、たくさんの被爆者の方とお会いし、お話を聞かせていただき、交流もしてまいりましたが、今日のお二人のお話を、改めて感銘深く伺いました。核の問題への私のかかわりも、簡潔に申し上げるならば、一人の原爆被害者との決定的な出会いから始まったものです。

それまでの私は、文学や芸術などに関心は持っていても、社会的、政治的な問題は一切シャットアウトしておりました。平和と戦争の問題からも目を背けて、自分をガードしているような、寺に生まれ育ちながら、そういう若者であったことをまず知っていただきたいと思います。そして一九六三年、高野山におりましたときに、学友たちから、首に縄をつけて引っ張り出されるようにして原水爆禁止の平和行進に参加しました。そこに参加されていたある被爆者の方は一日中私に寄り添って、ご自分の体験を、若造である私に伝えずにおくものかという気迫をもってお話しくださいました。

その方は短歌を詠む方で、木陰で休憩中に教えていただいた三首の短歌が、その後ずっと、私の心に残り続けてきました。

死ぬる気で　出征したる故郷《ふるさと》に　隠れ病む身となりて換へりぬ
今日こそは　命絶たんと力して　研ぎたる出刃はちり紙も切れり
熱臭き　しゃぼんの泡に紛れなく　我が黒髪は抜けて止まざり

自分を見えない防弾ガラスのようなものでガードしてきた私でしたが、私はこの被爆者との出会いから、避けて通ってはならない問題が人間にはあるんだと、まして仏教者になって将来故郷の寺に帰ることを選択した自分には、そういうことがあるんだということを痛切に思い知られました。

故郷に帰った後のことですが、小浜《おばま》保健所管内の一二名の原爆被害者の方を、宗派の違う僧侶たち二、三人でお一人お一人訪ねて回りました。被爆者の皆さんの共通の願いは、地元の医療機関の人たちは私たちの苦しみを理解してくれない。原爆症専門の先生の診断を受けたいということでした。

それに応えるために私が単独で選んだ方法は、自分の地元の村、三集落八〇戸ほどを、広島、長崎にちなんだ毎月六日、九日に托鉢《たくはつ》して回ることでした。世界唯一の被爆国だと言いながら、日本の立法府の国会も、政府も、戦後五〇年になんなんとする直前、一九九四年まで、原爆被爆者援護法をつくりませんでした。ですから私は、一九六八年から始めた被爆者援護の托鉢を、二六年半、三一八カ月続けました。こんなに長く続けなくてはならないとは、始めた頃には思ってもいませんでした。

三度にわたる原発阻止

托鉢行動を通じて、さまざまな学びがありました。托鉢をしながら、アッシジのフランシスコが托鉢の途中で小鳥たちに説教したとか、太陽や地水火風に対してブラザーと呼び掛けたり、月や星々に対してシスターと呼び掛けていたというエピソードを知りました。私の托鉢は月に

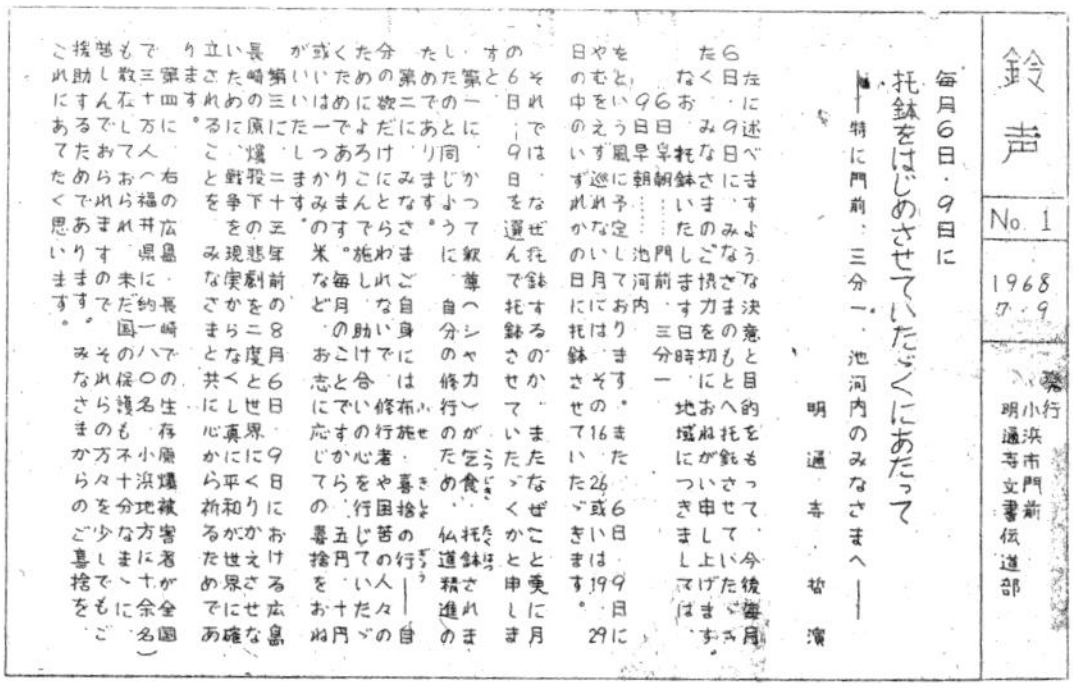
鈴声
No. 1
1968 7・9
発行 小浜市門前 明通寺文書伝道部
毎月6日・9日に
托鉢をはじめさせていただくにあたって
――特に門前・三分一・池河内のみなさまへ――
明通寺 哲演

二回だけのことでしたが、それでも四季折々の路傍の草花が季節によって変わっていく、蝶が飛んでいる、虫がすだいている、ときには蟹が出てきたり、蛇が這《は》い出てきたり、亀の子までが這い出してきたりするんですね。蛇が車の走る道を横断したりしますので、「おいおい君、車にひかれるぞ」と思わず声をかけたくなるような、托鉢行為を通じてそういう体験をいたしました。

また、托鉢の際には、わら半紙半分のサイズの「鈴声《れいせい》」と名付けた小紙を配りました(上図)。これは、ブッダや空海の言葉を伝えつつ、現代の核の問題、戦争の問題、社会的な問題を自分がどう捉えているかということを書いたもので、全部で三一八号まで出しました。このような活動をしつつ、若狭に原発を造ろうという話が出てきている中で、小浜市民はこれを食い止めることができました。

小浜では三度にわたって原発を食い止めていますが、こちら(次頁図)は二度目の小浜原発誘致反対運動のときに地元の村人に報告した文書です。二度目の運動があったのは冬でした。厳しい風雪にさらされる中で、その風雪に耐え、春になって、凛《りん》と花を開かせている梅の花のようなものだね、と地元の村人に向かって自画自賛しているメッセージですね。最終号の三一八号まで、托鉢行動を通じて、反核問題を伝えました。

原発を小浜にも造ろうという話が持ち上がったのは一九六八年ごろで、原発設置反対小浜市民の会が結成されたのは一九七一年です。そして七二年に第一回の小浜原発誘致を阻止する運動がありました。小浜は人口三万四〇〇〇人、有権者二万四〇〇〇人のローカルな町ですが、若狭地域の歴史文化的な中心地でもあります。そこに、大きいものから小さいものまで九つの団体が結集しました。私たち宗教者のグループはたった五人。一方で、三〇〇〇人を有する労働組合も参加しました。高校の先生方の組合だとか、原水爆禁止運動にかかわっている市民グループなどです。一九七〇年代の初頭は、原水爆禁止運動も、反原発運動も、部落解放運動も、組織としてはそれぞれ都市レベルで分裂していました。

そういう中で、原発を止めるために小浜市民の会をつくろうということで準備会を開いたのですが、全部で九回行われたうちの最初の二、三回は

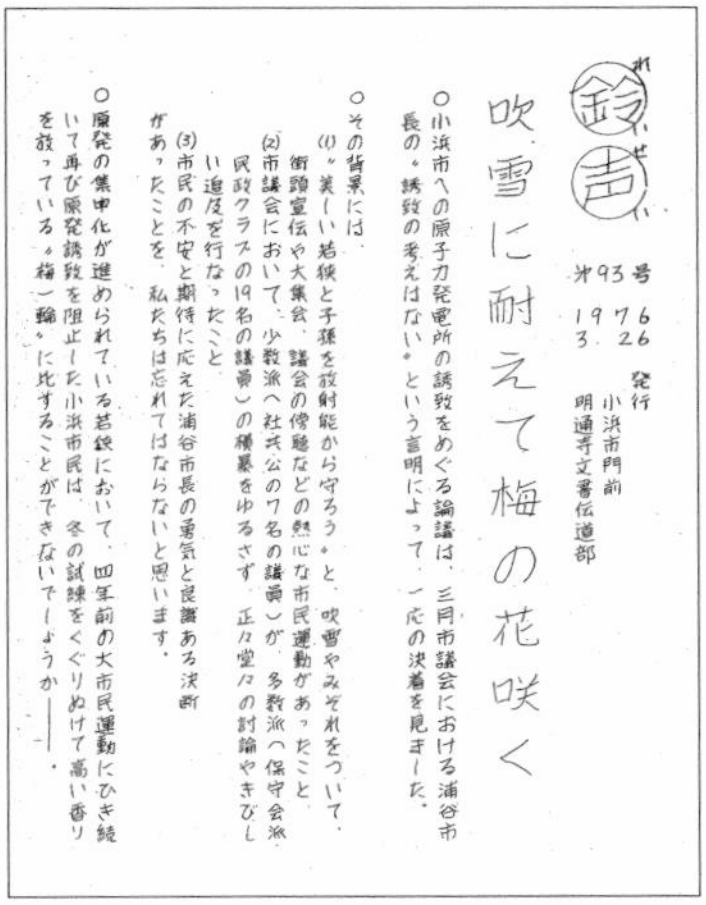
鈴声《れいせい》
第93号
1976
3. 26
発行
小浜市門前
明通寺文書伝道部

吹雪に耐えて梅の花咲く

○小浜市への原子力発電所の誘致をめぐる論議は、三月市議会における浦谷市長の〃誘致の考えはない〃という言明によって、一応の決着を見ました。
○その背景には、
(1)〃美しい若狭と子孫を放射能から守ろう〃と、吹雪やみぞれをついて、街頭宣伝や大集会、議会の傍聴などの熱心な市民運動があったこと
(2)市議会において、少数派(〜社共公の7名の議員)が、多数派(〜保守会派民政クラブの19名の議員)の横暴をゆるさず、正々堂々の討論やきびしい追及を行なったこと
(3)市民の不安と期待に応えた浦谷市長の勇気と良識ある決断があったことを、私たちは忘れてはならないと思います。
○原発の集中化が進められている若狭において、四年前の大市民運動にひき続いて再び原発誘致を阻止した小浜市民は、冬の試練をくぐりぬけて高い香りを放っている〃梅一輪〃に比することができないでしょうか――。

激烈な論争で終わりました。団体同士、席を同じくしたくないというような、そういう激しい論争もあり、私たち五人の宗教者のグループは、これではとても市民の会はできないと、ギブアップしかかったんです。ですが、私たちのグループは粘りに粘り、ここに皆さんが集まってきているのは自分たちの主義を主張するためではなく、小浜に原発は造りたくないという、そういうことだったはずですよね、と言い続けました。そうすると徐々に、集まってくれた諸団体や、対立し合っているような諸団体が、我々に耳を傾けてくれて一致団結することができた。これにより有権者である二万四〇〇〇人の過半数の署名を達成し、小浜への原発誘致を退けることができました。

当時、小浜の周辺では七基の原発が計画され、既に決定されていたり、建設中でした。その中で、小浜にも原発をということだったのですが、議会の中では当時の社会党、共産党、公明党が市民に味方してくれました。保守会派は民意に逆らって、誘致の決議までしてしまったのです。また、市長も元々は誘致派だったのですが、有権者の過半数の反対があるとは思わなかったということで、市長と議会の少数派の大健闘によって、小浜は原発を誘致しないという結果を導き出すことができました。

これも後になって知ったのですが、カトリックの平和を願う祈り、やはりアッシジのフランシスコさんの言葉でしょうか。「憎しみのあるところに愛を、いさかいのあるところに許しを、の市民運動の中ではそれを実践していたのかなという思いを持っています。

目に見えない暴力と闘う

原発銀座・若狭からのアピールを、東京の皆さん、関東首都圏の皆さんにもお伝えしたいと思います。関西電力の一一基の原発、九九七万キロワットは若狭の小さな町三つに集中しています。一方、火力発電所は関西の海岸部に九カ所三一基、一四四二万キロワットも林立しています。この問題について、福島第一原発の事故が起こった一年後に日本学術会議が、「高レベル放射性廃棄物の処分について」という報告書の中で以下のように言及しています。地理的な受益圏と受苦圏の分離という観点からは、人口が少なく、電力消費も少ない人びとに危険や汚染を負担させる一方で、結果として原子力発電所からの電力に依存してきた大都市圏の人びとの無関心を引き起こす。――これは福島の事故の一年後の報告です。八年後の現在、どうでしょうか。この学術会議の報告はいかにも八年後の今日の状況を予見しているようです。東の原発銀座・福島一〇基の原発の電気は、五〇〇万ボルトという超高圧電線で、全部関東首都圏に送電されてきたという事実を皆さんにお伝えしたいと思います。

暴力は単に目に見えるもの Visible Violence だけではなく、目に見えない暴力 Invisible Violenceがあるということを、核問題にも詳しい軍事ジャーナリストである前田哲男さんという方がおっしゃっていますが、原発における都市部と過疎地との関係はInvisible Violenceではないのかなと思います。そういうことも含めて、核文明がはらんでいる問題を、原発銀座・若狭の自分の立場から、皆さんに問いかけてみたいと思います。核兵器も原発事故も放射能を拡散させますが、被害を受けるのは人類だけではありません。まさに生きとし生けるもの、自然環境の中の命あるものすべてが汚染されてしまう。これについて、原子力行政を問い直す宗教者の会での議論の中では、現代は総被曝の危機にあると言われておりました。そういう総被曝の危機、ビッグ・ピンチにある中で、私たちは、それを根本的に、全体的に変換する、ある意味ではビッグ・チャンスが与えられているとも言えます。ビッグ・ピンチを、どうビッグ・チャンスにしていくかについて、英知を、衆知を集めるときに私たちはきているのではないかと思っております。

ディスカッション

川本隆史
ケビン・クレメンツ
庭野光祥
寺崎広嗣
チョン・チュジン
中嶌哲演
司会＝島薗 進

島薗 それでは、これから一時間ほどのディスカッションに入ります。川本隆史《たかし》先生とケビン・クレメンツ先生に、四人のお話を聞かれて、どんなことをお考えになったかをコメントをいただきます。我々も心に残っていることの意味をもう一度思い出し、うまくつなぎ合わせたり、関係づけたりできたらいいかなと思っております。では川本先生からお願いいたします。

記憶のケア

川本 私は一九五一年、現在の広島市西区の己斐《こい》に生まれました。本日、被爆証言に立たれた近藤紘子さんのお父上・谷本清牧師（一九〇九―八六年）は、一九四五年八月六日の朝早く流川教会の牧師館を出て、大八車に載せた家具類を己斐の知人のお宅へと運んでおられます。目的地に到着して、積み荷を搬入しようとした矢先に、原爆が炸裂した八時一五分を迎えられたのです。爆心地から三・二キロほど離れた高台に立ちすくんで、市街地に湧き上がる巨大な噴煙を遠望した牧師は、信者さんやご家族の安否を確かめたいとの一心で、市の中心部にある教会を目指して走り出されました。同じ頃、己斐防護分団警防団長の職にあった祖父の川本精一は、担当地区の消火活動と被災者の救援を始めています。谷本牧師と祖父とは、己斐の町のどこかですれ違っていた可能性があるのです。

紘子さんの七つ下の私は、生家の座敷の柱に残る無数の傷跡を見て育っています。物心がついて、その傷が「ピカドン」の爆風で飛散したガラス片によるものだと聞かされました。私の母校・己斐小学校は被爆当日から救護所となり、二三〇〇柱にも及ぶ被爆死者のご遺体を校庭に掘った七筋の壕に並べて火葬しています。無名の死者たちを弔う塚が校庭の隅にごく短期間まつられていたそうですが、そうした事実を知らされないまま無邪気に校庭で遊びまわっていた私でした。中学・高校はイエズス会が設立した広島学院に通った後、一八歳の春に広島を離れています。学部・大学院と倫理学の勉強を進め、大学で教えるようになってからも、平和や非核といった課題に正面から取り組むことはありませんでした。

そんな私がヒロシマに向き合うきっかけを与えてくれたのは、被爆二世教職員の会の面々です。当事者の親から被爆体験の継承を図ろうとする二世の先生たちの苦労に触れるうち、《記憶のケア》という着想を与えられます。このカタカナまじりの語句でもって指し示そうとしたのは、種々の「記憶」を脳に注入された情報のかたまりとして扱うのではなく、記憶をいわば“生き物”のように見立てて、これを注意深く世話し手入れする営みにほかなりません。とりわけ被爆のような痛苦な経験が負わせた辛い記憶であればあるほど、固定観念へと凝り固まって人びとを縛る傾向を有しています。そうした記憶の一つひとつをていねいにほぐしつつ、当事者の記憶に歪みや欠落がないかどうかを見定め、歪みが見つかればそれを改めようとするのが、《記憶のケア》のねらいなのです。

紘子さんの場合でいうと、原爆の閃光《せんこう》火傷のケロイドに苦しむお姉さんたちを目の当たりにすることでアメリカへの復讐《ふくしゅう》心を募らせた幼児期があり、中学生になって広島のＡＢＣＣ(原爆傷害調査委員会)で受けた検査の屈辱をめぐる思いは心の奥底に秘めておられました。そうした記憶のこわばりをほぐし、これをしっかりと手入れ(ケア)なさった紘子さんだからこそ、憎しみを乗り越えてヒロシマを語り継ぐことへと歩み出られたのではないでしょうか。

《記憶のケア》を具体的に展開するための手立てを、私は二つほど用意しております。それぞれ経済学と心理学のタームを借用して、《被害や苦しみの脱集計化》と《当事者や現場の脱中心化》と名づけてみました。ひと括りにされた量や概念を《ほぐし、ばらす》のが「脱集計化」で、当事者や現場を尊重しつつもそれらを中心に祭り上げて終わりにするのでなく、中心から《ずらし、ひろげる》のが「脱中心化」です。

「脱集計化」の解説から始めましょう。毎年八月の被爆地の報道や式典において、「唯一の被爆国である日本」とか「何万人もの原爆死没者」とかのフレーズが繰り返し用いられてきました。「被爆国」といった括りや集計された死者の数をできる限り《ほぐし、ばらす》ことで、犠牲者を国籍によって分断せず、死者一人ひとりの声と顔を浮かび上がらせようとするのが「脱集計化」です。「唯一の被爆国」が護符のように乱発されると、日本国籍を所持しない「在外被爆者」を援護の対象から外し、ひいては被爆・敗戦に先立って日本が犯したアジアへの加害責任から目を背けてしまう副作用すら引き起こします。そうした不具合を是正して、被害と加害の両局面を視野に収めるためにも、「脱集計化」が欠かせないのです。

「脱中心化」は、ピアジェ心理学の専門語でして、自分中心で単一のものの見方へのとらわれから脱却して、複数の視点を取り込み視野を拡大する認知発達のプロセスをいいます。これを当事者や現場中心の発想を《ずらし、ひろげる》作業に転用しようというのです。たとえば、当事者や現場を中心化する決めつけ――当事者の苦しみやニーズは本人にしかわからない、現場に身をさらさなかった者は発言する資格がない、など――が、それなりの説得力をもつことは否定できません。でもだからといって、当事者や現場関係者以外はものを言うなということになれば、およそ対話や議論が成り立たなくなるでしょう。また、当事者や現場を固定してしまうと、当事者間の差異や現場内部の対立が見えなくなる危険性も高まります。そうした行き詰まりを打開しようとするのが、「脱中心化」――すなわち、当事者や現場を尊重しつつも、両者を中心部に張り付けてこと足れりとするのではなく、当事者や現場をたえず中心からずらし、分散・複数化することにより、観察者の視点をも包含した公平な立場へと視野をひろげていくこと――なのです。

近藤紘子さんの自叙伝には、広島に原爆を落とした爆撃機の副操縦士ロバート・ルイスさんとの遭遇が綴られています(『ヒロシマ、60年の記憶』徳間文庫、二〇〇九年)。ロサンゼルスのスタジオに登場した人物がキャプテン・ルイスだと知った一〇歳の紘子さんは、ケロイドのお姉さんたちを苦しめた敵を睨みつけました。ところが原爆攻撃を振り返る彼が声を詰まらせ、目に涙を浮かべる痛ましい姿を見た紘子さんの心中に「脱中心化」が作動します――「私は、ロバート・ルイスに会うまでは、広島の悲しみしか考えていなかった。あの出会いがなかったら、私はいつまでも、もしかすると今でもその気持ちを引き摺っていたかもしれません。あの出会いは衝撃的な、私が最初に憎しみの連鎖を乗り越えた瞬間でした」(同書、一八一頁以下)。

《記憶のケア》の二つの手立てを活用してきた探究の中間報告を、広島の友人たちとの一〇年越しのプランを実らせた共編著『忘却の記憶　広島』(月曜社、二〇一八年)に載せてもらいました。この論集が本シンポジウムを企画された方がたの目にとまり、コメンテーターの依頼が私に届けられたのだとも、うかがっています。《忘却の記憶》という謎めいたフレーズに興味をそそられる方がいらしたら、ぜひ手にとってみてください。

《記憶のケア》という見地から、四人のパネリストに対して短くコメントしていきましょう。

まず、立正佼成会の庭野光祥さんの発題ですが、第一〇回世界宗教者平和会議世界大会(二〇一九年八月二〇—二三日)のメインテーマである「慈しみの実践：共通の未来のために——つながりあういのち」に注目しました。英語のオリジナル・タイトルは〈Caring for Our Common Future— Advancing Shared Well-being〉なんですね。「～をケアすること」(caring for)という動名詞句が「慈しみの実践」という名詞句に訳し直されている点、「暮らしよさの分かち合い」(Shared Well-being)を「つながりあういのち」とかみ砕いた工夫に、目を開かれました。〈caring for〉は「世話すること／面倒を見ること／心を砕くこと」とかいった日本語に置き換えたいところですけど、宗教者の会議の文脈なので敢えて「慈しみの実践」とされたのでしょうか。ドイツの会場で実際にどのような議論が展開されるのか——事後報告を楽しみにしております。

次に、創価学会インタナショナルの寺崎広嗣さんがご紹介くださった、アルゼンチンの人権運動家アドルフォ・ペレス＝エスキベル博士と池田大作会長との共同声明(二〇一八年六月五日)

にも心を動かされました。この「提言：世界の青年へ　レジリエンス（困難を乗り越える力）と希望の存在たれ！」は、創価学会公式サイトより全文がダウンロードできるそうですので、後ほど精読するつもりです。「レジリエンス」はもともと反発や弾性といった物理現象を指していたのが、心理学に取り入れられ、東日本大震災によって傷ついた心の回復や地域の復興を実現する内発的な指針として普及していきました。「しなやかな強さ」と訳される向きもあるようです。共同声明はこれを「困難を乗り越える力」と解したうえで、「世界市民教育を通じた青年のエンパワーメント（内発的な力の開花）」の推進を訴えています。その柱の一つに「悲惨な出来事を繰り返さないため、「歴史の記憶」を胸に共通の意識を養う」ことが掲げられていました。これぞまさに《記憶のケア》の勧めではなかろうか……わが意を得たりとうなずいた次第です。

チョン・チュジンさん（韓国キリスト教教会協議会）のお話からも、啓発を受けました。韓国では、アメリカ軍の原爆投下によって日本の無条件降伏がもたらされ、日本帝国主義の支配から解放されたのだとする原爆肯定論が大勢を占めており、原爆攻撃を受けた側の「記憶」のほうはそれほど重要視されてこなかった。核兵器そのものへの拒否反応もあまり見られないのだそうですね。チョンさんの指摘で思い出したのが、《記憶のケア》を追究し始めた頃に読んだ、クォン・ヒョクテさん（権赫泰／韓国聖公会大学）の論考です（「集団の記憶、個人の記憶——韓国とヒロシマがお互いに問いかけるもの」『現代思想』二〇〇三年八月号、青土社)。クォンさんはこう推定していました――「韓国は植民地経験を、日本は原爆経験をそれぞれ「国籍化」することによって、「国籍」の外延に数多く存在する普遍的価値を切り捨てて自らの経験を矮小化したのかもしれない」と。そうだとすれば、植民地にされた記憶と原爆を落とされた記憶の双方を、「国籍化」する(「国家」というかたまりに集約する)のでなく、国家の括りを《ほぐし、ばらす》こと(「脱国籍化」)からやり直す必要があるのではないでしょうか。

明通寺住職の中嶌哲演さんの語りは、エキサイティングでした。昨日の打ち合わせ会の席上では、関西電力本社前でハンガーストライキを敢行されたことも話題に上りました。中嶌師が反原発運動に関わるようになった、そもそもの発端は、学生の頃にご友人に誘われて参加した、原水爆禁止の平和行進にさかのぼります。広島の被爆当事者の地獄のような体験談に耳を傾け、「死ぬる気で　出征したる故郷に　隠れ病む身となりて換へりぬ」に始まる三首の短歌を心に刻みつけられました。この「隠れ病む身となりて」という叫びと出会ったことが、哲演さんが平和・非核を希求していく原点・原動力となったのです。

谷本牧師が紘子さんに繰り返し語った教訓が、「人から、人へ」(person to person)でした。「国から、国へ」とトップダウンで働きかけようとする路線をいわば「脱国籍化」して、「人から、人へ」と《ほぐし、ばらす》ことが先決なのだと諭されたのでしょう。まさしく中嶌師は、ご自分の活動の「原点」に一人の被爆者との出会いがあったとする「人から、人へ」の実例を明示してくださいました。

そこで残る三人のパネリストにお尋ねしたいのは、お一人お一人に平和へのチャレンジを動機づけたはずの「人から、人へ」の出会いがどのようなものだったのか、です。宗派や教派の枠をばらして、ぜひ「一人称の語り」(first-person narrative)をお聞かせください。

四つ目の毒

クレメンツ　とても有益で、参考になる話をありがとうございました。共通点や共通のテーマを探りながら、お話を伺っていました。

今、川本先生からありましたように、忘れられない記憶に混乱を起こしてはいけないと思います。また、アインシュタインが言ったように、絶対に核戦争を起こすようなことがあってはいけません。なぜなら、核兵器の使用は、今、この瞬間に痛み、苦しみを生み出すだけではなく、何世代にも渡って引き継がれてしまうからです。すなわちこれは、痛み、苦しみの広がりなのです。

どうすれば、日本、中国、韓国が平和で安定した関係を構築できるでしょうか。過去の戦争責任問題が繰り返し浮上してくる中で、また、被害者にも加害者にも、罪、苦しみ、反省などがある中で、どうすれば世代を超えて受け継がれているトラウマを、解消することができるのでしょうか。

そのためには、自らが感じた、あるいは他者に与えた苦しみや悲しみに、今までとは異なる方法で対処する必要があります。これは、最初のセッションからずっと根底に流れ続けているテーマだと思います。パネリストの皆さんに感謝したいと思います。また、戦後七〇年、組織として非核化に取り組んできた皆さんにも感謝していますし、賞賛されるべきだと思っています。

このチャレンジはここからどのように進んでいくのか。また、皆さんが成し遂げてきたことを、新しい世代にどうやって引き継いでいくのか。私や皆さんの、子や孫の世代で非核化が実現されるには、どのようにバトンを渡せばよいのか。パネリストの話は、この点について共通のテーマがあったと思います。寺崎さんが、「人間革命」が必要だとおっしゃっていましたが、確かに、私たちは価値観を変えなければ、何もなすことができません。ですから、私たち自身で、態度や考え方、行動を変えていかなくてはいけません。

仏教には三毒という概念があります。ここにお集まりの皆さんには釈迦に説法かもしれませんが、これは貪《どん》、痴《ち》、瞋《しん》という、克服すべき三つの煩悩《ぼんのう》のことで、これが問題の中心にあるのではないかと思っています。ドナルド・トランプは「貪」すなわち、欲という最初の毒を持っています。この最初の毒、尽きない欲望については、日本でも、世界でも、政治的なアジェンダとして取り組んでいかなくていけません。消費社会においても、軍事、そして核の問題についても、この欲についてどのように対処していくのかを考える必要があります。

そして、次に、「痴」。これは物事の理非がわからないことを意味していますが、トランプは何よりもこの痴を持った人物だと思います。国家相互の関係が相互依存的であることを考えずに、アメリカがもう一度偉大になれると勘違いしているのです。キリスト教徒であれ、仏教徒であれ、私たちはつながっていて、切り離すことができません。疑いようもないぐらい、世代を超えて、文化を超えて、人種を超えて、そして、宗教を超えてつながっているのです。このことを自覚しなくては、私たちは勘違いの、嘘の世界の中で生きていくことになります。トランプがピノキオであったなら、彼の鼻は何万もの嘘のせいで、長く伸びていることでしょう。ひょっとしたら、ワシントンから世界を一周するぐらいまで伸びているのではないでしょうか。

さて、三つ目の毒の「瞋」。これは怒り、憎しみです。これをダイバージョン(進路変更)する必要があると思います。例えば、中国について、あるいは北朝鮮についてネガティブな感情を持つのではなく、彼らの中にある神、彼らの中にある良いものを見つめて、そして尊厳をもって、向こうからも同じものが返ってくるのを期待したいではありませんか。欲と無知と憎しみにどのように対応していくのか、これは仏教的なアジェンダかもしれませんが、キリスト教でも、人類全体としても共有できるものだと思います。

芸術家は、真実を伝えない限り、かつ、私たちを突き動かすものでない限り、自分の作品には価値がないことを理解しています。今日、すべてのパネリストが、他の宗教団体との連携、協力、あるいは、希望のある人たちと一緒に連携しているということについて言及されましたが、これは重要なことだと思います。信仰を超えた、あるいは国境を越えたグローバルなパートナーシップの中で、この取り組みを効果的に実行できるようにしなくてはなりません。

また、寺崎さんからは科学技術についてのお話がありましたが、これは四つ目の毒として、さきほどの三つの毒に加えるべきではないかと思っています。科学技術は中立的であると思われがちですが、今やそのために監視社会、監視資本主義社会となって、プライバシーが損なわれていますし、また、それ以外にも様々な形の中毒を生み出しています。SNSでは、誤解、無知が広がり、我々は英知を失っています。ですから、昨今話題となっている気候変動、あるいは非核化へ動いていく中で、SNSをどのように使っていくかについて、よく考えなくてはいけません。

さらに、もう一つのテーマ、教育についてですが、子供たち、孫たちの世代に対しては、世界の将来のために、平等、正義、人権、また、民主主義のための教育が提供されるべきですし、その責任をとる意欲がなければいけません。私たちのこの活動に、子供たちをどう取り込んでいくか。これには道徳的な原則を考えることが不可欠です。つまり、意思決定する場合には、それが可逆的で、決定の前に戻すことができなければいけないということです。これは、特に子供たちにとって必要なことです。今生まれて、これから何十年も生きる子供たちの世界を考えなくてはいけません。例えば、死刑は不可逆的ですから、執行後に実は無罪だったということがあってはいけません。同じように化学兵器、核兵器、生物兵器などの使用も不可逆的なものです。こういった原則も、やはり共通してパネリストの発表の根底にあったように感じます。

最後に、何人かの方から言及がありましたが、私たちは誰の安全保障を考えているのでしょうか。どうすれば安全を担保することができるのでしょうか。日本では、「人間の安全保障」という言葉がよく使われますが、国の安全保障を考えるために、人間の安全保障が犠牲になってはいけません。ですが、実はそういったことはしょっちゅう行われています。例えば、核兵器、あるいは核の近代化を国の安全保障として行うことは、次の世代に問題を先送りしているにすぎず、ポジティブな平和を生み出すことにはつながりません。

では、どうすれば平和を保って非核を達成することができるのでしょうか。どうすれば私たち皆が望んでいる平和な関係が構築できるのでしょうか。どうすれば、非核化を避けられないものにしていくことができるのでしょうか。これは非常に大きなチャレンジです。

島薗　ありがとうございます。川本先生とクレメンツ先生から、まとめていただきつつ、問題を投げかけていただきました。これからパネリストの方がたに、ご自分の問題と関わると感じられたところについてお話をいただければと思います。まずは中嶌先生にお願いしたいと思いますが、先ほどお話できなかったところも含めてお願いできますでしょうか。

被爆（被曝）国民と言いながら

中嶌　まず、被爆者という言葉の問題について。カタカナで書く「ヒバクシャ」の中には、原爆被害者、核実験の被曝者、また、平和利用としてですが原発の中で働いてきた被曝者の方も入ります。情報として皆さんにも銘記していただきたいのですが、日本の原発で「放射線管理手帳」を持って働いてきた労働者は、昨年（二〇一八年）三月現在で累計六五万人を超えています。広島、長崎の原爆被害者の数は合わせると六五万人と言われていますから、平和利用の原発の中でもそれだけの被曝者を生み出しているわけです。

ただ、先ほど申しましたように、「ヒバクシャ」は人間にとどまらず、福島の事故では総被曝の現実を生み出しています。再稼働中の原発、大飯《おおい》原発3・4号機が仮にトラブルなしに一年間動いたとすると、広島型原爆二〇〇〇発分の死の灰、長崎型原爆六〇発分のプルトニウムを生み出すことになります。これは賛成、反対などの主義主張に関係なく、客観的な事実としての問題です。このような危険なものを内蔵しているからこそ、原発には五重の壁が必要です。ですから、大都市圏にはつくらず、田舎に押し付けて、その代わりとして、目先のお金を麻薬的にばらまいてきた。すべての問題の根源がここにあるということを、知っていただきたいと思います。

また、川本さんからご指摘いただきましたが、私が出会った三首の短歌の一つ、「死ぬる気で　出征したる故郷へ　隠れ病む身となりて換へりぬ」。この歌をつくられた方は、当時の慣例に従って言葉を使っておられると思うのですが、私はどうも、この「出征」という言葉が未だに引っかかっています。ですが、いずれにしてもこれはすさまじい体験ですよね。海外へ行って戦争して、たまたま広島に駐屯している最中に被爆されたわけです。ですが、確かに、広島、長崎の被害はものすごく過酷だったけれども、それ以前に、北東アジア諸国、太平洋諸島などを侵略して植民地とし、支配してきた日本の長い前史があり、その最終の場面として、一九四五年に沖縄、広島、長崎、都市の大空襲がありました。

ドイツのヴァイツゼッカー(第六代連邦大統領)が、ナチスによる長きに渡る加害の歴史を忘れて、被害だけを語るわけにはいかないと言っておられたことを思い出すにつけ、この被爆者の短歌を私なりに考えるに、私はこの出征という言葉にも未だに引っかかっています。「隠れ病む身」というところについては、先ほどお話しいただいた近藤さんにも葛藤《かっとう》があったと思いますが、放射線被曝の問題は遺伝的に悪影響がありますから、これが様々な差別を引き起こして、当事者が沈黙を余儀なくされ、周りの人は本当に深刻な被害をわからないできたわけですね。

ですから、我々は被爆(被曝)国民だと言いながら、被爆(被曝)の恐ろしさの実態をどこまで自覚できているのか。早くも福島を風化させてきている今の日本の現状について、そういう点からも考え直しているところです。

島薗 ありがとうございます。とても大切な点を指摘していただきました。次はチョンさん、お願いします。

隣人の国として

チョン 私の話に少し誤解があったかもしれませんので、もう少しはっきりさせたいと思います。八月になると、日本では原爆のことが非常に生きた記憶として思い出されていますが、韓国では広島、長崎の被爆と、自分たちが解放された体験については、あまり関係づけて考えられてはいないと思います。

先ほどナショナリズムについて言及がありましたが、私の父には、植民地時代の記憶があって、それが家族の歴史にもなっています。そのことを国家として全面的に取り扱い始めたのは最近だと思います。韓国は歴史的に民主化に焦点がありましたので、保守政権、あるいは独裁政権は、民主化の動きをなくすこと以外に関心がありませんでした。その後、個人が民主化のために闘争する中で、数年前から植民地時代のことを言い始め、それを国全体でも言うようになった、というのが経緯です。

先ほど川本先生のコメントにありましたので、皆さんに誤解のないように申し上げますが、韓国人は、太平洋戦争で自分たちが受けた傷はたくさん覚えていますが、日本がどのような形で苦しみを受けたのかについては、あまり興味がないように思います。同様に、日本の被爆体験に関しても、ほとんど関心が持たれていません。

隣人の国として、被爆体験をどのように共有し、共感していくかという努力が、これまで韓国では非常に足りなかったように感じています。そういった共感を韓国の中でどのように広げていくかということが、今後の一つの課題ではないかと思います。

島薗　寺崎さん、よろしくお願いいたします。

一人ひとりの痛みを共有する

寺崎　先ほどの川本先生からの投げかけに対して、個人的な話を二つさせていただきます。私は福岡の出身で、住んでいた地域の近くには、いわゆる被差別部落がございました。中学、高校時代は、それがどういうことなのか、どういう背景があるのかを知らないぐらい、平凡な青春時代を送っていたわけですが、それでも、その地域の友人たちに対しては、どうも差別に基づく発言が投げかけられることが多い気がしていたんですね。それについては私自身非常に嫌な思いがしましたし、そういう人びとが苦しむ側にいるということを、若いながらも知ったことは、その後の私の人生にとっては大きな出来事でした。

もう一つは、ずいぶん前になりますが、国連の会議で行われたサイドイベントに、広島、長崎の被爆者の方が登壇されたことがありました。今日も二人の方から被爆証言がありましたが、そのときのお話もとても胸を打つもので、海外から集まった聴衆の方たちが、全員総立ちでスタンディングオベーションして、しばらく拍手が鳴りやみませんでした。本当に感動的な場面でした。

言うまでもなく、日本において被爆者の方は——当事者の方がたはなかなかおっしゃいませんが——私が知る限りでも、戦後長い間、差別をされる側の方であったと思います。例えば、結婚できなくなるかもしれないという心配から、被爆者であることを自ら語ることもなかったし、子供に語らせることもなかった。これまで、いろいろなところで被爆者の方の体験を聞いてきましたが、私がその時国連で見たような光景は、日本国内では一度も見たことがありません。ですから、あのスタンディングオベーションを見たときに、そのことが日本人として恥ずかしかったし、本当に申し訳ないという気持ちになりました。被爆者の方が、ご自分の苦しみや悲しみを乗り越えて、そのご体験を、憎しみではなく、この苦しみを誰にも味わわせてはいけないという、普遍的な気持ちに昇華されて語られる。それがどれほど、その方の人生において大変なことであるか。このことに、日本人の私たちは、どれほど応援や感謝の気持ちを持っているのだろうかと思いました。

私は二〇代の後半から、仕事というよりはボランティアでしたが、全国の戦争体験、被爆体験、あるいは中国大陸での日本軍兵士の証言などの、聞き書き運動に携わりました。それをまとめたものを、『戦争を知らない世代へ』(第三文明社)というタイトルで、一九七〇年代から八五年にかけて、全シリーズ八〇巻出しました。ここには、トータルで三〇〇〇人以上の方がたの証言がまとまっています。私は後半の事務局長を仰せつかって、その取材活動の一端を担わせていただきましたが、どこに行ってもそうでしたが、とりわけ広島、長崎、沖縄に行かせていただいたときには、苦しい思いをされた方がなかなか重い口を開いてくださいませんでした。しかし、何回も通う中でやっと、嗚咽《おえつ》しながら、自らの苦しい体験を語っていただいた。それを、戦争を知らない我々が活字にしていったわけです。この活動は、実は近年の創価学会の平和運動のベースになっていて、この証言に基づいて、反戦反核展などの、その後の運動に広がっていきました。

我々はいろいろな経験を積むと、それらの経験を抽象化して語ってしまいがちなのですが、しかし、大事なことは、お一人おひとりがどういう経験をされてきたのか、その事実、現実は決して抽象化して語ってはいけないということだと、この活動を通じて強く感じました。先ほども、被爆〝国〟ではなく、被爆〝者〟だというお話がありましたが、まったくそのとおりだと思います。一人ひとりの痛みを共感する、共有する。それがこの活動にとって最も大事なことであると感じています。私が今日まで気持ちを切らさずに続けてこられたのは、そういった学びの機会があったからだということをご報告したいと思います。

平和を願う気持ちは抽象論ではなく、具体的に起きたことを絶対に忘れない、風化させない。そして、その痛みを共有することで、共闘の輪を広げていくことができるのだと信じております。

島薗　問題を整理しながら、深めて理解するという方向で議論が進んでいると思います。次に、庭野さん、お願いいたします。

四人の子供の母親として

庭野　私も川本先生にご質問いただいたことから始めたいと思います。私は普段、核廃絶の専門家として活動しているわけではありませんが、核廃絶については、私の祖父でもある立正佼成会開祖の願いであって、私たちはそれを受け継いでいるわけです。

先ほども、バトンを受け継いでいくというお話がありましたが、私は人生の中には、やってくる偶然と、迎えにいく偶然があると思っています。私が生まれた一九七〇年前後、祖父は第一回の世界宗教者平和会議のために世界中を飛び回っていました。それまで、対立するものであった宗教を、協力するものに変えていこうという熱意ある活動の中で、世界中に苦しんでいる人がどれだけいるか、一方、苦しんでいる人のためにはたらく素晴らしい人がどれほどいるのかという話。そして、その人たちと一緒にはたらいていくことが、どれほどの幸せかということを、私たち家族との食卓で、祖父はいつも語ってくれました。ですから、私にとってはやってくる偶然として、幼いころからそういうものが植え付けられてきたのではないかなと思います。

他にも様々な分野はありますが、諸宗教対話を通して、こういう活動をさせていただいています。ここ数年は、暴力的過激主義、それから宗教的なテロなどが、世界各国で話題になっています。その中で、ミャンマーのロヒンギャの人びとが住む地域で、仏教徒がイスラム教徒を差別し、迫害していることに、私は仏教徒として大変傷つきました。仏教ってそうじゃないのに、と思いました。それまでに私が参加していたところでは、そうははっきり言わなくとも、テロリストはイスラム教徒だという文脈の中で話が進んでいて、そこではイスラム教徒たちが、いや、彼らはイスラム教徒ではない、彼らはイスラム教を乗っ取ったテロリストなだけで、イスラム教は違うのだとたびたび言われていました。

仏教というものはすべてが縁によってつながって、いろんなものができてくるという考え方ですから、ロヒンギャを迫害している彼らと私たちは違う。ロヒンギャを迫害しているのは仏教徒だと言われたときに、私も、いや、仏教とは違うと線を引いたのですね。

私は四人の子供の母親ですが、世の中にはもちろん、お子さんのいらっしゃらない方がいらっしゃると思います。ですが、親のいない人は一人もいません。テロリストの人たちも、みんな誰かの可愛い子供だったのだなということを、自分が母親になってすごく感じました。自分の子供が生まれたときに、テロリストになって誰かに復讐をしてほしいと願うような母親は一人もいないはずなのに、その後の出会いの中で、その人たちはテロリストになっていったわけです。

私は諸宗教対話を通じた平和活動をしていますが、それは私が偉いからそうなったわけではなくて、やってくる偶然によって、様々な人たちとの出会いの中で、今、多少なりとも平和のために活動することができている。そういう意味では、私もあそこで生まれていたら、もしかしてテロリストになったかもしれない。そう思うと他人事ではなくなって、テロリストの人たちは、テロリストとして生まれたのではなく、どこかのお母さんの可愛い息子だったり娘だったりした。その人生を取り戻すための役に立ちたいと思って、様々な活動をさせていただいているのかなと思います。

また、クレメンツ先生から、どのような教育をすればよいのかという話がありました。それがわかれば、みんな一斉にそれを始めると思います。ですが、それがわからないから、みんな苦労していて、これは本当に難しいことだなと思うと同時に、私は、一人ひとりがそれぞれの出会いの中で、見つけていくしかないのではないかとも感じています。宗教者としては、歴史的な出来事を、国として、団体としてだけではなく、個人として受け止めることがとても大切ではないかと思います。

今、日本が第二次世界大戦で行ってきたことに対して、「慰安婦」の問題もそうですが、自分たちの子孫がいつまでも謝らなくても済むようにするのだというような考え方で、政治が進んでいます。先ほどチョンさんから、隣人の国に共感を広げていくというお話がありましたが、日本人がとか、何人がということではなく、人間として、人間がそういう恐ろしいことをしてしまったことを謝り続けていくような、私自身はそういう気持ちでいたいと思っています。

第二次世界大戦中、フィリピンのバターン半島で日本軍がアメリカとフィリピン連合軍の捕虜を歩かせた、死の行進、Death march というひどい歴史があります。数十年前ですが、立正佼成会の青年が、そこに日本人の慰霊に行って、現地で、実は慰霊すべきは日本人ではなく、そこで被害にあった人びとだ、ということを知るのですね。それから時間をかけて一九七五年にフレンドシップタワーをつくるのですが、その過程では玉子を投げられたり、つばをかけられたり、帰れと言われたりしました。数年前、バターンデー、日本に死の行進をさせられたことを忘れないという式典に参加させていただいたのですが、その式典の中で行進があって、そこに私たちも参加しました。

行進の中で、当時、日本人がフィリピン人の捕虜にどれほどひどいことをしたのかという劇が行われたのですが、それを見て、やはり私はとても傷つきました。劇ではあるのですが、日本人がそんなにひどいことをしたのかと、とても傷つきました。でも私は、私の子供たちにも、この行進を知って、この劇を見て、そして傷ついてほしいと思いました。自分たちがどんなに恐ろしいことをしたのかということを、もう謝らなくていいではなく、それを心に刻んで傷ついて、その傷ついた心が、未来に対して、こういうことを二度と起こしてはいけないという思いにつながっていくのではないかと思いました。

ですから、教育というところまではいかないかもしれませんが、自分の子供を含め、若い人たちに、そういう現実に出会って、傷ついて、その傷から次の平和を築いていってほしいと思っています。

島薗　心に残るお答えをありがとうございます。あるドイツ人の研究者による、日本人の戦争の記憶がアニメやマンガの中でどう描かれているかという研究によると、やはり原爆が一番多かったんだそうです。原爆は日本人が被害者であるということもあって近づきやすいので、戦争のことは思い出したくもないけれども、まずはそこからということになるのかもしれません。

海外でのこともありますが、不思議なことに沖縄についてはあまり描かれていないですね。沖縄では日本人が日本人を巻き込んでたくさんの人が亡くなりましたし、日本兵もひどい死に方をしているわけですが、そのことについて、我々はなかなかバトンが渡せていないのではないかと思います。

さて、川本さんたちが編まれた本は『忘却の記憶　広島』というタイトルでしたね。格好いい言葉だなと思うのですが、忘却は記憶していないということですよね。でもそれは、いろんなお話の中で出てきた invisibility，見えなくなっていること、隠されていること、思い出したくないこと、あるいは思い出せない、話せない。そういう時間がたくさんあったということではなかろうかと思います。その辺りも含めて，まずはバトンを渡すということについて，中嶌哲演さんに伺いたいと思います。どう伝えていったらいいのかということについて，例えば若狭の活動における若手の方はいかがでしょうか。

若狭を伝える難しさ

中嶌　これについては，いつまでたっても大きな宿題になっています。先ほどお話しした，一九七〇年代に，小浜で，二度，三度と原発誘致を阻止したときの運動では，二〇歳前後の青年たち——小浜維新の志士たちだと言っていましたが——彼ら二〇〜三〇人が大活躍しました。当時，若狭高校の定時制を卒業した大工さんや店員さん，町工場で働いている方たちが，青年読書会というのを作って，毎月図書館で月例会をやっていましたので，そこに私も顔を出して，原発関連の新聞の切り抜き集を回覧しました。元々活字好きの青年たちでしたし，若狭は日本における原発のさきがけで，そういう記事がたくさんあったものですから，それを集めたものが勉強のテキストでしたね。一年間で段ボール箱に二箱ぐらいになりましたが，それを二〇人ぐらいの青年が持ち寄って，週に一回勉強会をやっていました。そういう活動が実は小浜の原発を食い止めました。情熱も大事ですが，なぜこういうことをやるかということをきちんと知的に把握した上で行動していたわけで，かつては，そういう時代がありました。

ところが今は、どこでもそうだと思いますが、高齢化してきたいろんな団体や、ジャンルを、若い世代にどう継承していくかについては小浜の場合も宿題で、残念ながら、まだ成功例を話すことができない状態です。

島薗　ありがとうございます。では川本さん、先ほどのコメントの中で持ち出された《忘却の記憶》について補足説明をお願いします。

「忘れていることがある」ということを記憶する

川本　論集『忘却の記憶　広島』は、音楽・文化批評の分野で活躍されている東琢磨《ひがしたくま》さんとの共同企画としてスタートしました。東さんは広島学院中学・高校の一回り下の後輩なのですが、西尾《にしお》禎郎《よしお》(一九二九—二〇一一年)先生という共通の恩師によって結ばれていたのです。ここ上智大学の哲学科ご卒業の先生は、広島学院の社会科教員として三三年の長きにわたって奉職されるかたわら、一九七〇年代半ばより平和運動や平和学習に力を注ぎ、「カトリック正義と平和広島協議会」を結成して、ローマ教皇ヨハネ・パウロ二世が広島の地で「平和アピール」(一九八一年二月二五日)を発せられるお膳立てを整えてくださいました。

私は西尾先生から歴史を探究する面白さを教わり、東さんは先生のユニークな授業が提示した課題を温めて、快著『ヒロシマ独立論』(青土社、二〇〇七年)へと結実させました。東さんは『忘却の記憶』の巻末において、この本のねらいをズバリこう言い切っています。

わからないということがわかり、
忘れていることがあるということを記憶し、
知らないことがあるのだと知っておくために

(「あとがきにかえて」四〇七頁)

三つの動詞句の前半(〜わかり)と後半(〜知っておく)は、西洋哲学の源流たるソクラテスの「無知の知」の自覚につながるものと言えるでしょう。その二つにはさまれるかたちで、「忘れていることがあるということを記憶し」が補強されています。東さんによる《忘却の記憶》の提起を私なりに受けとめ、これと《記憶のケア》——記憶を《ほぐし、ばらし/ずらし、ひろげる》作業——とを連携させようと努めてきたのです。

島薗　ありがとうございます、少しわかりました。先ほど庭野さんが、「やってくる偶然」と「迎えにいく偶然」とおっしゃいましたが、それも説明していただけますか。

やってくる偶然と迎えにいく偶然

庭野　急に何かが起こるのではなくて、今もこういうことに関わるということを決心し続けているんだろうなと、そんな気がしています。先ほどお二人からいただいた被爆の証言も、やってくる偶然として私にやってきたわけですが、それによって自分自身が迎えにいく偶然としてバトンになっていくというような、そんな気持ちもいたしますし、やってくる偶然と迎えにいく偶然が合わさるとそれが必然になっていくのかなと、そのような気持ちでいます。

島薗　ありがとうございます。チョンさんのお話で、皆さん、やっぱりそうなのだなと思われたんじゃないかと思いますが、我々は近くの国民で、すぐに理解できるような気がしているけれども、いろんな点でわからないところがある。記憶しているつもりが、実は全然違う記憶になっている。韓国にとって八月はもちろん解放の月ではあるんですが、八月に悲惨なことがあったという記憶はほとんどないということでしょうか。こういう記憶のずれは、ある意味では自然なことだと思いますが、これをどう克服していくのか、そもそも克服できるのかどうか。北東アジアが共通のトラウマを未来にひらいていくと言いましょうか、それを広げていったり、ずらしたりして、一人ひとりの経験を重視しながら、共通の何かを見出していくことにつながると思うんですが、その辺りについて、チョンさんのお考えを伺いたいと思います。

それぞれの八月を、ひらく

チョン　過去の歴史に関しては政治的なことに影響されているので、話し始めると三泊四日ぐらいかかりそうですから、ここではやめておこうと思います。

私は平和運動をやっていて、主に若者を中心としたいろんな人に会っていますが、若い人は非常にひらかれているように感じます。彼らは、より肯定的で、何ができるかについて一緒に考えることができる可能性を感じます。私の時代とは違う民主化の中で生きてきた人びとが、上から教え込まれる形ではなく、今までとは違った新しいことを、自ら考えられる可能性をひらかなくてはいけません。

先ほどの私の発表にもありましたが、教会でも、カトリックやプロテスタントも同じだと思いますが、指導者たちが上から一方的に何かを教え込み、洗脳しようとする形ではない教育、そういった時間を若者とたくさん持つことが重要です。そこで、多様性をもって互いに話し合い、特に、韓国が植民地支配からの解放として体験した八月と、日本が原爆の苦しみとして体験した八月を、どのように統合していくかというのは非常に重要なことだと思います。それによって若い人たちが、多様性の中で、可能性を見出せるようにしていきたいと思います。

私の感覚としてですが、教会の中はより保守的で、ひらかれる可能性が一般社会よりも低いような気がしていまして、その点を心配しております。

島薗　その部分の重要性は、指導者だからこそ真に重みがあると思います。今回は宗教者、研究者による対話ですので、それを大きく、広くとらえることが重要ですね。昔読んだ本に、“The Informed Heart”(ブルーノ・ベテルハイム『鍛えられた心』法政大学出版局)という本があったのですが、そういうとらえ方も必要ではないかと思っています。最後に、これまでの話を踏まえて、宗教の役割について一言ずつお話しいただきましょう。その後、お時間があれば、フロアから比較的若手の方のご質問をお受けしたいと思います。では、庭野さん、お願いします。

二項対立を乗り越えていく対話

庭野　先ほど、人間として謝罪を続けていくという話をしましたが、私どものWCRP日本委員会の理事長をしてくださっている、日本聖公会の首座主教、ナタナエル植松誠先生が先日NHKのEテレ(三月三日放送「こころの時代――宗教・人生」)に出演されたときに、「宗教者は謝罪を生きる」とおっしゃいました。そのことについて、その後、多くの意見が、匿名も含めて先生に届いたそうです。もちろん、感動したという意見もあったけれども、批判もあって、そんな甘いことを言っているから韓国がつけ上がるんだとか、対話で北朝鮮のミサイルが止められると思うなとか、宗教者は現実を知らないからそういう発言ができるんだとか、そのようなお声もあったそうです。そのとき、植松先生は、カトリック長崎大司教区の高見三明《みつあき》大司教がおっしゃった、「宗教者は現実を知らないと言われるけれども、現実というのは人間がつくるものだ。宗教者はその現実をつくっていく使命があるのではないか」という言葉を思い出されたそうです。そのことを最後にお話しして、私の発表とさせていただきます。ありがとうございました。

島薗 ありがとうございます。寺崎さんお願いします。

寺崎 私はこれまで各国の方たちとの議論の場に参加させていただく機会が多かったのですが、その中で学んだことの一つは、どうも我々日本人は――と言うと何やら胡散《うさん》臭い日本人論のようで嫌ですが――日本人は、何事も二項対立的というか、二極対立的に物事を構えてしまう。イエスかノーか、賛成か反対か。こういう議論は国際社会ではなかなか立ち行かないですね。おそらくどちらの側に寄っているかはともあれ、その間にしか解はないと思います。そういう意味では、対立ではなく、どうやって執念をもって対話を繰り返し、距離を縮めていくのかが重要です。その役回りを誰かがやらないことには、いつまでたっても危険な状態が膠着《こうちゃく》したままだと思います。

朝からずっとお話を伺っていますと、私たち宗教者、信仰者は人間の尊厳や生命に関する権利について、ほとんど共通の思いを持っているようです。そういう意味では、現状はどうあれ、我々はすべての人たちのポジティブな可能性を見出そうとするグループなわけです。ですから、我々こそが意見の対立の場に入って、なんとかこの溝を小さいものにしていく。こういう役割を、ぜひご一緒にやらせていただく時代がくればいいなと考えています。

忙しいのだとは思いますが、政策決定者の皆さんの中には不勉強な方が少なくないですね。議論を聞いていると、ほとんど官僚のペーパーを読んでいるだけだという人もいます。官僚を悪く言うつもりはありませんが、そういう人たちとも対応できるように、我々も柔軟な姿勢で、両者がテーブルに臨む場を増やしていくことが大事だろうと思います。核兵器廃絶日本NGO連絡会には私どもも参加しておりますが、この一〇年ほどかかって、やっと外務省の担当部署と話をするテーブルができました。官僚機構の方がたが市民社会の我々との対話の席につくのですから、これは非常に画期的なことだと思います。今でも意見は全く合いませんが、何回も会っていますと顔見知りになりますから、丁寧な人間関係にはなるのですね。そして、皆さんのお気持ちや考え方がよくわかりました、今は立場の違いがありますが、是非引き続き対話をやっていきましょうと、あちらがおっしゃる。これはものすごい前進だと思います。そういう二項対立、二極対立を乗り越えていく対話の在り方。我々こそ頑張りたいという決意を述べて、コメントに代えたいと思います。

島薗 ありがとうございます。チョンさん、いかがですか。

チョン 繰り返しになるかもしれませんが、教会のリーダーシップは信徒たちを消費者として考えないように気を付けなくてはいけません。韓国の教会の現状を見ると、イベントとして会衆を集めようとしているだけで、民衆からの声を聞こうとしていないように思います。これは危険なことです。リーダーたちは大衆の話をよく聞かなくてはいけません。

最近韓国の市民社会では、一般の人びとの普通の意見からより大切なメッセージを考えていくという試みが行われています。しかし、韓国のプロテスタント教会においては、そういったことがまだできていないような気がします。教会はとても保守的で、聖書の物語と自分たちの現実をつなげようとする努力が足りていないように思うのです。それによって、牧師先生が北朝鮮に対して、撤退しろという一方的なメッセージを出したりする。これはそういったところに根本的な問題がある気がします。

教会の指導者たちは自分たちの立場、政治のために忙しくしていて平和がそのための宣伝道具にしか使われないような、そういった危険な状況も垣間見られます。民衆との本当の意味でのつながりがなくなっていっているんです。会議など、さまざまな形で顔を合わせる集会がたくさんあるのですが、それが、自分たちの情報や知識を得る場、あるいは経歴としてしか考えられていない状況がある。ですから、私が平和教育をしながら、牧師先生たちとどう接近したらいいのかということを相談しても、牧師先生たちには聞く耳がありません。彼らは、自分たちが聞きたくないことは聞かなくなっているという批判を受けたこともあるんですが、自分たちが面倒くさいと思うようなテーマに対しては、あまり耳を傾けない。そういう傾向が韓国のプロテスタント教会の、大きな一つの問題になっています。

今は、韓国の牧師先生たち、特に教会のリーダーシップをとっている人びとに、本当の意味で回心が求められ、そして教会の変革が必要な時期にきているような気がします。

島薗　ありがとうございます。中嶌先生、お願いします。

中嶌　原発の廃炉についても、現実そのものが深刻なままのような気がします。先ほど二項対立の問題も出ていましたが、宗教は善悪の倫理の物差しを超越しながら、しかも倫理の大事さというものを包摂《ほうせつ》している。この宗教的な立場がすごく大事だと思います。やはり、祈りのスピリチュアリティと申しますか、上智大学に寄せていただいて祈りの言葉などを聞かせていただきながら、それをありがたく自分に生かしていかなくてはと感じております。

いくつかエピソードをご紹介しますと、小浜の若い雲水、修行僧を指導していた禅宗の老僧と、この方は昨年(二〇一八年)、九〇歳過ぎでお亡くなりになったのですが、私が若いときに論争をしかけんばかりの対話をしたことがあります。その翌日にはがきをいただいたのですが、それには、“There is no way to peace, peace is the way.”という、英語のフレーズのみが書かれていました。平和のための戦争を起こしてしまうのが人類ですから、平和に至る方法なんてないという逆説的な表現ですよね。でもその後に、peace is the way、平和そのものが歩んでいく道なんだと書かれている。先ほどの被爆者の方の証言も心に残っていますが、この老僧とのやりとりは、私自身が仏教者、宗教者として印象に残っているものです。

それで、長らくこの言葉はどこからきたのかと思っていたのですが、先年、ディープエコロジーの提案者であるノルウェーの哲学者アルネ・ネスさんが、数人の若い人たちを連れて、自転車で明通寺までやってきました。そのときにこの話をしましたら、ネスさんが、それはマハトマ・ガンジーの言葉ですねと言っておられました。つまり、ガンジーという東洋の思想について、欧米人、ノルウェーの思想家から教えてもらったわけで、そういう時代なんだなと思いましたね。

もう一つは、さっきもお話しした危機について。危はdanger, risk, crisisを意味していますが、機は機会の機、チャンスです。イギリスのピーター・ラッセルの『グローバル・ブレイン――情報ネットワーク社会と人間の課題』(吉福伸逸ほか訳、工作舎、一九八五年)を読んでいましたら、中国人は、危機を二文字で、一つは危、もう一つは機と表す。つまり、中国人は危機的な状況のときは、それをどう変革していくかの機会であるという意識が兆してくるときでもあるのだ、と書いてありました。これも、イギリス人から東洋の知恵を教えられたような感じがして、時代だなと思いました。

私は今日、現実的な話ばかりしましたから、お前は本当に坊主かと言われかねませんので、宗教者として印象に残っているエピソードをご紹介しました。

島薗　それでは、会場からどなたかご発言いかがでしょうか。どうぞ。

被害者として、加害者として

会場から　三〇年ちょっと前に上智大学を卒業して、その後三〇年ほどカナダに住んでおります。カナダに移ってから痛切に感じたのが、私は日本で、日本の歴史について何を学んでいたのか、ということです。先ほど、川本先生をはじめ、他の方もおっしゃっていましたが、日本国の戦争の記憶というと、原爆という、アメリカが落として、国として被害にあったという、国としての抽象的な被害感が強かったわけですね。ところが、いろんな話を聞くとそうではなくて、被爆した方たちは日本で非常に差別を受けていたし、それ以外にもいろんな差別があったわけです。よりよい未来をつくるためには、まず、歴史の事実を学ぶべきだと思うんですが、そこが非常に欠けていると思います。今、若い日本の方に会っても、日本の近代史をわかっている方はほとんどいらっしゃらないですね。そこで日本の未来や、平和の話をしても、結局は抽象論になってしまう。

先ほどチョンさんがおっしゃっていたように、個人個人が日本人としてどういう被害にあったかということも知られていないし、かつ日本人個人個人が加害者になってしまった歴史も、どうしてそういう立場になってしまったかということも、よく話されていない。それを理解しないことには、なぜ中国人や韓国人など他のアジア人が、日本に対してこれだけの根強い反感を持っているのかについて理解できませんから、そこでいつも話が食い違っていると思います。

例えば、ドイツでは国を挙げて、ホロコーストの詳しい歴史を残していますし、それを話して二度と繰り返してはいけないと言っていますよね。似たような話ですが、戦争中、カナダでは、日系人が持っていた土地が取り上げられたわけですが、それについて日系人は恥ずかしいことは話したくないと言って話してこなかった。このように、恥ずかしいことは話さずに、とにかく忘れましょうという態度は、残念ながらそうではなく、ちゃんと記録を残して研究して、何が本当に起こったのか、どうしてそういう事態が起こったのかということを、次の世代に教えていくことが私たちの責任だと思います。ですが、それを政治家たちに期待できないというのが現状だと思います。

今日のお話を伺って希望を持ちましたが、宗教者や研究者の方がたが記録を残して、是非、次の世代に伝えていただきたいと思います。伝えられた人たちが海外に出て質問されたときに、こういうことがあって、こういう事情だったということをはっきり説明できる。そこで初めて、日本人として平和の話ができるのではないかと思います。

島薗　ありがとうございました。本当はもっとたくさんの声を伺いたいところですが、時間が来てしまいました。では、今日一日を振り返って、光延先生とラフ先生にご発言をお願いします。

次の世代へ、世界を救えるチャンス

ラフ　ご参加いただいた皆さん、忍耐強く聞いてくださってありがとうございました。また、本日参加させていただいて、豊かなディスカッションを聞くことができたことを光栄に思います。ありがとうございました。ここから倫理的なリーダーシップをとるために築き上げていけるものが、たくさんあると思います。

また、近藤さん、白神さん、つらい体験をお話しいただくことは簡単なことではない、勇気を必要とするものだと思いますし、痛みも伴うものだと思います。にもかかわらず、経験を共有してくださって、私たちにいろいろなことを思い起こさせてくれたことを感謝します。

人間のつながり、人間の記憶は、今、何が危険なのかを理解させてくれる最も強力な手段だと思います。広島に落とされた原爆は、今の基準からすれば小規模な戦略核兵器です。核兵器はこれまでに六〇パーセント削減されましたが、それでも、第二次世界大戦以降、ずっと落とし続けても、まだ使い尽くせないほどの数があります。

庭野さんは、世代間の正義の問題であるとお話になりました。これは、若い人につなげていく上で重要なポイントだと思います。若い人たちは、気候変動については世代間のつながりをよく認識していらっしゃるようです。戦時に原爆を経験したのは、国としては日本だけですが、忘れてはならないのは、核開発によって九〇〇回以上も行われてきた大気圏内核実験によっても、世界中に多くの被害者、犠牲者がいるということです。大気圏内核実験によって落ちてきた死の灰(放射性生成物)の影響を、私たちすべての人間が受けています。これによって、これまでに何百万人という人が死に、また、これから死んでいくということを忘れてはいけません。

ですから、これはグローバルな問題であり、人間が共通に抱えている弱さであり、一人ひとりが個人の問題としてとらえるべき、共通の利害問題であることを強調しなくてはなりません。

日本を訪れると、いつも矛盾に胸を突かれます。日本は核兵器が戦争時に使われた唯一の国ですから、どこの国よりも、それが何を意味しているかを知っていなければならず、またよく知る立場にあります。また、近年では原子力発電所による大事故も起こっています。にもかかわらず、最も大きな核の力を行使しているアメリカのプレッシャーの下で、自らが犠牲になった兵器の力を行使することを支援し続けているという矛盾。いずれは日本にリーダーになってほしいと思っていますが、今のままでは、日本は歴史の間違った側に立場を置くことになってしまうでしょう。

ですが、これまでの経験やリソースを元にして、できることがたくさんあると思います。今日のお話を伺って、異なる宗教の間に、違いよりも共通点のほうが多いことに感銘を受けました。価値観、人間の尊厳、すべての生き物を保護するという役割。そういった共通の価値観から、多くの異なる宗教が築き上げていけるものがあると思います。国際条約はその条約に調印しない国にすら影響を及ぼすことができます。宗教は、倫理的、そして道義的なリーダーシップを発揮するという意味で非常に重要で、そのリーダーシップは、同じ宗教を信じている、特定のコミュニティにとどまるものではありません。

また、クレメンツさんのコメントにも感銘を受けました。条約によって分断が生じているという批判もよく聞かれます。しかし、分断、対立が悪化しているように見えるのは必ずしもマイナスではなく、チャンスでもあると思います。そして、白は白、黒は黒と、違いを強調することは、逆に健康的であると言うこともできます。

核兵器には非常に強い既得権益があり、世界で最も強力な政府、世界で最も大きな企業、大規模な官僚機構、民生、軍事の中に、こういった兵器を管理することでキャリアを築き上げてきた人びとの、巨大な組織があります。そのような特権を享受している人びととの摩擦なしには、変化をもたらすことはできません。国は核兵器を廃絶する責任がありますが、義務を果たすことについて重要視していない国もある。そういった国には、人びとの倫理的なリーダーシップを通じて、プレッシャーをかけていかなくてはいけません。クレメンツさんやチョンさんには、この問題がいかに喫緊の問題かということを再認識させていただきました。

核問題は様々な不正義、軍事化という他の問題にもつながっています。そして、世界中で不利な立場に置かれている人もいれば、権力を握っている人もいるという問題につながっています。しかし、この問題を過剰に複雑化してはいけないと思います。核保有国は、条件が整っていないから核兵器を手放すことはできないと言いますが、核兵器の廃絶に条件を付けてはいけません。ゴールは常に先へ、先へと動いていってしまって、条件が整うことは決してないからです。

前進するためには、まず核兵器を廃絶しなくてはなりません。再度、核兵器が使われる前に廃絶しなくては、私たちの大切なものが永久に失われてしまうかもしれないからです。これは喫緊の課題です。そして、重荷であり、難しく、痛みを伴う問題でもあります。ですから、これは他者との協力なしには成し遂げることはできません。核兵器、そして気候変動という、人類がその歴史の中で初めて直面している、存亡の危機。これを克服することは私たちの責任でもあり、同時に、チャンスでもあります。

未だかつて、文字どおり世界を救えるチャンスはありませんでしたが、今は、今の世代だけではなく、将来の世代に対しても世界を救うチャンスです。そういう意味で、これ以上の素晴らしい仕事はないと思っています。今回、皆さんに加わる機会を与えてくださったことに、感謝を申し上げます。

島薗　ラフ先生、ありがとうございました。では、光延先生、お願いします。

今日という日から

光延　今日一日お話を伺って、まずは核兵器、または原発も含めた核の問題について、ＩＣＡ

Nであるとか、平和学の研究者の方が持っておられる危機感、また、現状を変えていかなくてはいけないという義務感を強く感じました。そして、宗教者の方がたから、特に、組織的にしっかり平和に取り組んでおられる教団の方がたのご努力に希望を感じました。難しいところもあると思いますが、そういう宗教者が、それを乗り越えて手を結び、ＩＣＡＮなど世界的な組織と協力していけば、世界を変えることができるのではないかという希望も、少し見えました。

とはいえ、トランプ大統領のアメリカであるとか、朝鮮半島の南北問題、中国、ロシア、ヨーロッパ、インド、その他、という形でブロック化している世界の現状にあっては、隣の国の方とも平和、核の問題について、もちろん歴史教育の問題もありますが、大きなギャップがあるという現実も感じさせていただいて、いつものことではありますが、希望と落胆の間をいったりきたりするという感覚も味わいました。宗教者という立場は、ソフトパワーという言葉で言われますように、リアルポリティックに直接影響を及ぼすのは難しい場合もあります。

さて、今日登壇していただいた皆さんとは、ちょうど昨日の今頃に初めてお目にかかりました。それから簡単に打ち合わせして、その後会食して、今日に臨んだわけですが、一番最初の印象として、この方たちはとてもソフトで、何か心が落ち着くというか、親しみが持てるというか、懐かしいというか、そういう感じを出会いの場で持ちましたし、今日一日お話をして、その感じがますます深くなりました。やはり、平和を愛好する宗教者としてのソフトさでしょうか。

それと同時に、ソフトパワーのパワーのほう、これも強く感じました。教団として組織的に取り組んでおられる方がたのお話にもパワーを感じましたし、また、被爆証言をしてくださった方のパワー。特に、近藤さんの魂の叫びと言いますか、生まれたときの、この子だけは助けてほしいというお母さんの思いをそのまま受け継いでいる、その語り、叫び。それはやはり祈りにつながっていると思いました。

その、宗教者が持っているスピリチュアルな気迫、粘り、また、血の通った人との関わりには強いパワーがあると思います。抽象的な話はもちろん大事ですが、宗教者の一人が、信念で心から、信仰で、祈りで語っている言葉は千人力で、もう何万人でも動かすかもしれない。そういう力があるということも、体験させていただきました。

私ぐらいの歳ですと、ずっと戦後の教育を受けて、平和教育、民主教育などを経てきたわけですが、今、大学で教育に携わっている中でも、歴史教育の足りなさを非常に強く痛感しております。そういう中で、原爆の話は、ある意味ずっと聞いてきたわけですから、もう十分だといったような気持ちもなきにしもあらずだったんですね。ですが今日、被爆者の方の証言、証《あかし》を聞いて、強く心を揺さぶられました。お母さんの、この子だけは助けてほしいという思い、やはりこれは受け継いで、次の世代の人に伝えるような祈りを深めなくてはいけないと強く感じました。

しかし記憶というのは、川本先生もおっしゃっていましたが、いろいろな層があるのですね。私も思い返してみれば、イエズス会の修道生活の始めの二年を、広島市の長束《ながつか》にある修練院(一九三八年開院。被爆建物。現長束修道院)で、日夜祈り、精神的な格闘の日々を送りました。修練院は広島市街から四キロほど離れた丘の上にあったので、窓から中心街が見渡せました。そこで私は毎日、あそこに原爆が落ちたんだな、どうだったのかなということを考えていましたね。

その後、第三修練(イエズス会員としての養成の締めくくり)のときに長崎市の立山修道院に行きました。長崎駅のすぐ上になりますが、その辺りはカトリックの関係で言えば、潜伏キリシタンがカミングアウトしたという大浦天主堂が少し南にあって、そこから修道院がある立山を通って浦上天主堂まで通じる道になっているのです。私はそのカミングアウトの出来事を回顧する意味で、その道を何度も歩きながら黙想しました。その道筋に、浦上を見下ろす金毘羅《こんぴら》山という場所がありますが、原爆はその辺り、上空五〇〇メートルで爆発したんです。かつてそこには高射砲の陣地があって、そこにいた隊員の四八人は戦死したという碑も立っています。

今日、私はかつてそういうものを見て、そういうことを考えていたということを思いました。でも、つい忘れてしまう。ですから、川本先生がおっしゃったように、記憶をケアするというか、掘り起こして、次の世代に魂の叫びを、ソフトパワーを是非伝えていきたいなと思った次第です。ありがとうございます。

島薗　最後までお付き合いくださって、聴衆の皆さんにお礼を申し上げます、ありがとうございました。パネリストの皆さんも本当に長い間ありがとうございました、感謝いたします。

閉会の挨拶

佐久間　勤

先生方、お疲れ様でございました。皆さまも長い間お疲れ様でございました。海外からラフ先生、クレメンツ先生、チョン先生。宗教界から庭野先生、寺崎先生、中嶌先生、そして宗教者ではないとおっしゃっていました川本先生もコメンテーターとして私たちの学びのために力を尽くしてくださり、ありがとうございます。

お話を伺いながら、私も自分の心の中を探っておりました。やはり核兵器というものは、現在のいろいろな問題、抑圧、暴力、貧困、格差、そのようなものをすべて集めた、シンボルのような存在ではないかと思います。特に、恐れ、恐怖に動かされている現実を映し出していると思います。それゆえに、核による抑止力の魔術と言いましょうか、偽りと言いましょうか、それはやはり、私の心の中にも住み着いております。そのような自分の心を抉り出されたという、一つの大きな学びをすることができました。

私が学生でありましたときに、ドイツの聖書学者ノルベルト・ローフィンク(Norbert Lohfink, 一九二八年—)先生が、旧約聖書中の祈りを集めた書物である『詩編』の中に、嘆きの歌がなぜあるのか。あるいは嘆きの歌をどのように祈ったらいいのかについて、教えてくださったことがあります。苦しみの中にある人がそこからの救いを神に求めるという嘆きの歌ですが、時には、不正を行う者たちに神が暴力をもって報復するようにといった、復讐を願うような言葉も入っています。これは、この詩編の歌い手がどういう存在であるかを理解しない限り、本当にこの詩編で祈ることはできないだろう、と先生はおっしゃいました。

そして、苦しみについて、あるいは貧しさについて語るには、三つの方法があるとも言われました。

一つは客観的に分析し、原因を探り、解決を探していく方法で、客観的、学問的、合理的な考え方によって語るものです。しかし、これには欠点が一つあって、被害者が抽象的な研究対象になりかねないというところです。

もう一つの語り方は、人びとの良心、conscience, これに訴えかけ、倫理的な行動に駆り立て、いわゆる政治的な語りとして、人びとの共感を呼びさまし、世の中を変えていく。これも貧しさ、あるいは苦しみについて語る第二の方法であって、その語りそのものは正しいが、犠牲者が政治の道具にされてしまう恐れがあることに、気を付けなくてはならない。

三つめは、宗教者として、詩編の祈り手が示している苦しみ、貧しさについて、その犠牲者自身の言葉、今苦しんでいる人の言葉を語ることだと言われました。私たちは祈るときに、その人の心の中に入ることはできません。しかし、その人に語ってもらって共感する。そのときに本当にこの苦しみ、あるいは悲しみ、貧しさを犠牲者とともに祈ることができるとおっしゃいました。

核をめぐる問題への宗教者としての関わり方は、詩編の言葉の祈り方についての、ローフィンク先生の教えを思い出すものでした。先日フランシスコ教皇が「焼き場に立つ少年」の写真を皆に配りました。それを初めて見たときに、私は寝ている赤ん坊を背負っている少年だとしか思いませんでした。しかしその写真を撮った米軍の写真家のコメントが付けられていました。「これは、火葬場でその順番を待っている少年の写真である。少年はその様をじっと見ていて、しっかり嚙みしめた唇からは血がにじんでいた」と。この、言葉にできない深い悲しみが私たちの心に響くことを、フランシスコ教皇は望んでいるのではないかと思いました。

今日の学びを通して、私もとても深いものをいただきました。これから様々な形で私たちが協力し、この世界を、悲惨さからなんとか良い方向に持っていくことができますように、また、新しいインスピレーションが私たちに与えられますように、お互いに研鑽《けんさん》することができるよう、心から願っております。

平和を実現すること
――シンポジウムをふりかえって

サリ　アガスティン

平和を実現する人びとは幸いである、その人びとは神の子と呼ばれる。
（『マタイによる福音書』5章9節）

上智大学で開催されたソフィアシンポジウム「平和、非核、人類文明の未来」は、上智学院の教育研究の精神と建学の理念に基づく活動の一つであり、その枠組みとしての「宗教者・研究者による対話」の実現は人類文明の未来に貢献すべき私たちの責任であると言えるでしょう。平和の構築、諸宗教の対話は、第二バチカン公会議以来、現代カトリック教会の最重要課題として認識されています。またイエズス会の大学でも、ニコラス前イエズス会総長が「平和と政治的安定の探究」を、「人間のいのちの尊厳」「万人のための正義の促進」などと並ぶ優先的な研究領域として提案（二〇一〇年）しています。さらに、「平和と核兵器廃絶」は戦後日本の国是であり、とりわけ朝鮮半島・東アジアの安全保障上の緊張と平和をめぐる状況が激動している今、この問題について宗教者の立場から連携的なメッセージを発信することはきわめて重要です。

二〇一九年一一月二六日に上智大学を訪問した教皇フランシスコは、上智大学で学ぶ者へのメッセージの中で「大学は単に知的教育の場であるだけでなく、よりよい社会と希望にあふれた未来を形成していくための場となるべきです」とはっきりと述べました。教皇が求めたその役割を果たしていると言えるこのシンポジウムの実現に貢献したすべての関係者の皆様に心から感謝を申し上げます。

「人間は本来的に善ではない――同時に、本来的に悪でもない」と『暴力の人類史』(上下、幾島幸子ほか訳、青土社、二〇一五年。原書：*The Better Angels of Our Nature: Why Violence has Declined*, 2011)の著者スティーブン・ピンカーは明言しています。ピンカーはその著作の中で、人間の暴力の歴史的、統計学的検証を徹底しながら、心理学的検証を行っています。人類史的検証の結果、世界的に暴力が減ってきていると結論づけています。その要因として人間の「善なる天使」(The Better Angels of our Nature)の働きが進化していることだと記しています。

ピンカーはその心理学的検証の中で、人間の本性に備わっている「五つの内なる悪魔」と「四つの善なる天使」について分析しています。「内なる悪魔」とは、いくつかの心理的システムによって生み出される人間の暴力・攻撃的要素です。一つ目は捕食的または道具的暴力で、何らかの目的のために実際的手段として行われる暴力であり、二つ目はドミナンス的暴力で、人間関係における名誉や権威、権力を求め、マッチョな態度や人種的、宗教的集団間での争いという形をとる暴力のことです。三つ目はリベンジで、懲罰や仕返しの攻撃のことで、四つ目は他人の苦しみから快楽を得るサディズムです。五つ目は無制限の善を追求するために無制限の暴力を行使することが正当化されるイデオロギーです。

それに対して、「善なる天使」とは、暴力を回避し、協調や利他的行動へ向かおうとする、生まれながらに備わっている能力や動機のことです。その一つ目は共感で、他人の痛みを感じ取り、他人と自分の利害を一致させようとする心の動きです。二つ目はセルフコントロールで、自分の行動の結果を予想し、その行動を抑えようとする心の動きのことです。三つ目は、人間同士の相互関係を規定する一連の規範ともいえる道徳感覚です。四つ目は、理性の機能です。これは、人間がよりよい状態になり、よりよい生き方をするためにはどうすべきかを考えさせ、視野を広げ、人間性のほかの「天使」たちを活用する方向へと導く能力です(『暴力の人類史』上・一七一一九頁、下・一九三一五三四頁)。社会的な観点から、このような両側面を持つ人間が、「善なる天使」をよりよく育て、「内なる悪魔」に対して優位に立つ時、長期的平和構築の可能性が出てくることを示しています。

生まれながら備わっている人間の「善なる天使」の側面に、宗教は教育と共に大きな役割を果たしています。したがって宗教者・研究者による対話は重要であり、本シンポジウムは平和構築への第一歩を示すものと言えるでしょう。宗教間対話の限界を超えて、一致して人類の未来について行動する必要性が増している今、研究者と共にできることを、研究者と連帯する可能性を探る本シンポジウムが前進への第一歩になることを期待しています。

核抑止による平和説は、ドミナンス、イデオロギーやリベンジに応じることです。教皇フランシスコの上智大学学生に向けたメッセージにあるように、「この大学の学生の中に、良心に従って最善のものを、責任をもって自由に選択するすべを習得せずに卒業する人がいてはなりません。それぞれの状況において、たとえそれがどんなに複雑なものであったとしても、己の行動において、何が正義であり、人間性にかない、まっとうであり、責任あるものかに、関心をもつ者となってください。そして、決然と弱者を擁護する者と、ことばと行動が偽りや欺瞞《ぎまん》であることが少なくないこの時代にあって、まさに必要とされるそうした誠実さにおいて知られる者となってください」。

平和な人類文明の将来について考察することは、「人間のより良い天使の側面を育てること」に貢献することです。上智大学の教育とともに本シンポジウムがその役割を果たすことができたのであれば幸いです。

Ⅳ

教皇フランシスコ
日本での三つのメッセージ

核兵器についてのメッセージ

——長崎・爆心地公園にて

二〇一九年一一月二四日

愛する兄弟姉妹の皆さん。

この場所は、わたしたち人間はこれほどのものを人間に対して負わせうる存在であるという、痛みと恐怖を意識させてくれます。近年、浦上教会で見いだされた被爆十字架とマリア像は、被爆なさったかたとそのご家族が自身の肉体に受けた筆舌に尽くしがたい苦しみを、あらためて思い起こさせてくれます。

人の心にあるもっとも深い望みの一つは、平和と安定への望みです。核兵器や大量破壊兵器の保有は、この望みに対する最良のこたえではありません。それどころか、この望みをたえず試みにさらすことになるのです。わたしたちの世界は、倒錯した二分法の中にあります。それは、恐怖と不信の心理から支持された偽りの安全保障を基盤とした安定と平和を、擁護し確保しようとするもので、最終的には人と人との関係を毒し、可能なはずの対話を阻んでしまうものです。

国際的な平和と安定は、相互破壊への不安や壊滅の脅威を土台とした、どんな企てとも相いれないものです。むしろ、現在と未来のすべての人類家族全体が、相互依存と共同責任によって築く未来に奉仕する、連帯と協働の世界的な倫理によってのみ実現可能となります。

この地、核兵器が人道的にも環境にも悲劇的な結末をもたらすことの証人であるこの町では、軍備拡張競争に反対する声を上げる努力がつねに必要です。軍備拡張競争は、貴重な資源の無駄遣いです。本来それは、人々の全人的発展と自然環境の保全に使われるべきものです。今日の世界では、何百万という子どもや家族が、人間以下の生活を強いられているにもかかわらず、武器の製造、改良、維持、商いに財が費やされ、築かれ、日ごと武器は、いっそう破壊的になっています。これらは天に対する絶え間のないテロ行為です。

核兵器から解放された平和な世界。それは、あらゆる場所で、数え切れないほどの人が熱望していることです。この理想を実現するには、すべての人の参加が必要です。個々人、宗教団体、市民社会、核兵器保有国も非保有国も、軍隊も民間も、国際機関もそうです。核兵器の脅威に対しては、一致団結して応じなくてはなりません。それは、現今の世界を覆う不信の風潮を打ち破る相互の信頼によって築く、困難ながらも堅固な構造に支えられるものです。一九六

2019年11月24日，長崎爆心地公園にて
（© カトリック中央協議会）

三年に聖ヨハネ二三世教皇は、回勅『パーチェム・イン・テリス――地上の平和』で核兵器の禁止を世界に訴えていますが（同書112［邦訳60］参照）、加えてこう断言しています。「軍備の均衡が平和の条件であるという理解を、真の平和は相互の信頼の上にしか構築できないという原則に置き換える必要があります」（同113［邦訳61］）。

このところ拡大しつつある、不信の風潮を壊さなくてはなりません。その風潮によって、兵器使用を制限する国際的な枠組みが崩壊する危険があるのです。わたしたちは、多国間主義の衰退を目の当たりにしています。それは、兵器の技術革新にあってさらに危険なことです。この指摘は、相互の結びつきが顕著な現今の情勢から見ると的を射ていないように見えるかもしれませんが、あらゆる国の指導者が緊急に注意を払うだけでなく、力を注ぎ込むべき状況を示しているのです。

カトリック教会としては、民族間、また国家間の平和の実現に向けて不退転の決意を固めています。それは、神に対する、そしてこの地上のあらゆる人に対する責務なのです。核兵器禁止条約を含め、核軍縮と核不拡散に関する主要な国際条約に則り、たゆむことなく、迅速に行動し、訴えていきます。昨年(二〇一八年)の七月、日本の司教団は、核兵器廃絶の呼びかけを行いました。また、日本の教会では毎年八月に、平和に向けた一〇日間の平和旬間を行っています。どうか、祈り、合意拡大のたゆまぬ追求、対話への粘り強い招きが、わたしたちが信を置く「武器」でありますように。また、平和を真に保証する、正義と連帯のある世界を築く取り組みを鼓舞するものとなりますように。

核兵器のない世界が可能であり必要であるという確信をもって、政治をつかさどる指導者の皆さんにお願いします。核兵器は、今日の国際的また国家の安全保障に対する脅威からわたしたちを守ってくれるものではない、それを忘れないでください。人道的および環境の観点から、核兵器の使用がもたらす壊滅的な影響を考えなくてはなりません。核の理論によってあおられる、恐れ、不信、敵意の空気の増幅を止めなければなりません。今の地球の状態から見ると、その資源がどのように使われるのかを真剣に考察することが必要です。複雑で困難な、持続可能な開発のための二〇三〇アジェンダの達成、すなわち人類の全人的発展という目的を達成するためにも、真剣に考察しなくてはなりません。一九六四年に、すでに教皇聖パウロ六世は、防衛費の一部から世界基金を創設し、貧しい人々の援助に充てることを提案しています(「ムンバイでの報道記者へのスピーチ(一九六四年一二月四日)」。回勅『ポプロールム・プログレッシオ(一九六七年三月二六日)』51参照)。

こういったことすべてのために、信頼関係と相互の発展とを確かなものとする構造を作り上げ、状況に対応できる指導者たちの協力を得ることがきわめて重要です。責務には、わたしたち皆がかかわっていますし、全員が必要とされています。今日もなおわたしたちの良心を締めつけ続ける、何百万もの人の苦しみに無関心でいてよい人はいません。傷の痛みに叫ぶ兄弟の声に耳を塞《ふさ》いでよい人はどこにもいません。対話することのできない文化による破滅を前に目を閉ざしてよい人はどこにもいません。

心を改めることができるよう、また、いのちの文化、ゆるしの文化、兄弟愛の文化が勝利を収めるよう、毎日心を一つにして祈ってくださるようお願いします。共通の目的地を目指す中で、相互の違いを認め保証する兄弟愛です。

ここにおられる皆さんの中には、カトリック信者でないかたもおられることでしょう。でも、アッシジの聖フランシスコに由来する平和を求める祈りは、わたしたち皆がそれぞれの祈りにできると確信しています。

主よ、わたしをあなたの平和の道具としてください。
憎しみがあるところに愛を、
いさかいがあるところにゆるしを、
疑いのあるところに信仰を、
絶望があるところに希望を、
闇に光を、
悲しみのあるところに喜びをもたらすものとしてください。

記憶をとどめるこの場所、わたしたちをハッとさせ、無関心でいることを許さないこの場所は、神への信頼の重要性をよりいっそう示します。わたしたちが真の平和の道具となって、過去と同じ過ちを犯さないために働くようにと教えてくれるからです。

皆さんとご家族、そして全国民が、繁栄と社会の和の恵みを享受できますようお祈りいたします。

平和のための集い
——広島平和記念公園にて

二〇一九年一一月二四日

わたしはいおう、わたしの兄弟、友のために。「あなたのうちに平和があるように」
（詩編122章8節）

あわれみの神、歴史の主よ、この場所から、わたしたちはあなたに目を向けます。死といのち、崩壊と再生、苦しみと憐憫《れんびん》の交差するこの場所から。

ここで大勢の人が、その夢と希望が、一瞬の閃光《せんこう》と炎によって跡形もなく消され、影と沈黙だけが残りました。一瞬のうちに、すべてが破壊と死というブラックホールに飲み込まれました。その沈黙の淵《ふち》から、亡き人々のすさまじい叫び声が、今なお聞こえてきます。生まれた場所はさまざまで、それぞれの名をもち、なかには、異なる言語を話す人もいました。そのすべての人が、同じ運命によって、このおぞましい一瞬で結ばれたのです。その瞬間は、この国の歴史だけでなく、人類の顔に永遠に刻まれました。

ここで、すべての犠牲者を思い起こしたいと思います。また、あの時を生き延びたかたがたを前に、その強さと誇りに、深く敬意を表します。その後の長きにわたり、肉体の激しい苦痛と、心の中の生きる力をむしばんでいく死の兆しを忍んでこられたからです。

わたしは平和の巡礼者として、この場所を訪れなければならないと感じていました。あのすさまじい暴力の犠牲となった罪のない人々を思い起こし、現代社会の人々の願いと望みを胸にしつつ、じっと祈るためです。とくに、平和を望み、平和のために働き、平和のために自らを犠牲にする若者たちの願いと望みです。わたしは記憶と未来にあふれるこの場所に、貧しい人たちの叫びも携えて参りました。貧しい人々はいつの時代も、憎しみと対立の無防備な犠牲者だからです。

わたしは謹んで、声を発しても耳を貸してもらえない人々の声になりたいと思います。現代社会が置かれている増大した緊張状態、人類の共生を脅かす受け入れがたい不平等と不正義、わたしたちの共通の家を保護する能力の著しい欠如、あたかもそれで未来の平和が保障されるかのように行われる継続的あるいは突発的な武力行使を、不安と苦悩を抱えて見つめる人々の声です。

確信をもって、あらためて申し上げます。戦争のために原子力を使用することは、現代においては、これまで以上に犯罪とされます。人類とその尊厳に反するだけでなく、わたしたちの共通の家の未来におけるあらゆる可能性に反する犯罪です。原子力の戦争目的の使用は、倫理に反します。核兵器の保有は、それ自体が倫理に反しています。それは、わたしがすでに二年前に述べたとおりです。これについて、わたしたちは裁きを受けることになります。次の世代の人々が、わたしたちの失態を裁く裁判官として立ち上がるでしょう。平和について話すだけで、国と国の間で何の行動も起こさなかったと。戦争のための最新鋭ですさまじい兵器を製造しながら、平和について話すことなどどうしてできるでしょうか。差別と憎悪のスピーチで、あのだれもが知る偽りの行為を正当化しながら、どうして平和について話せるでしょうか。

平和は、それが真理を基盤としていないなら、正義に従って築かれないなら、愛によって息づき完成されないなら、自由において形成されないのなら(聖ヨハネ二三世回勅『パーチェム・イン・テリス——地上の平和』37[邦訳20]参照)、単なる「発せられることば」に過ぎなくなる、わたしはそう確信しています。

真理と正義をもって平和を築くとは、「人間の間には、知識、徳、才能、物質的資力などの差がしばしば著しく存在する」(同87[邦訳49])のを認めることです。ですから、自分だけの利益を求めるため、他者に何かを強いることが正当化されてよいはずはありません。その逆に、差の存在を認めることは、いっそうの責任と敬意の源となるのです。同じく政治共同体は、文化や経済成長といった面ではそれぞれ正当に差を有していても、「相互の進歩に対して」(同88［邦訳49］)、すべての人の善益のために働く責務へと招かれています。

実際、より正義にかなう安全な社会を築きたいと真に望むならば、武器を手放さなければなりません。「武器を手にしたまま、愛することはできません」(聖パウロ六世「国連でのスピーチ(一九六五年一〇月四日)」10)。武力の論理に屈して対話から遠ざかってしまえば、武器は、それが犠牲者と廃墟を生み出す前にすら悪夢をもたらしうることを、悲しくも忘れてしまうのです。武器は「膨大な出費を要し、連帯を推し進める企画や有益な作業計画が滞り、民の心理を台なしにします」(同5)。紛争の正当な解決策として、核戦争の脅威による威嚇をちらつかせながら、どうして平和を提案できるでしょうか。この苦しみの深淵が、決して越えてはならない一線に気づかせてくれますように。真の平和とは、非武装の平和以外にありえません。それに、「平和は単に戦争がないことではなく、……たえず建設されるべきもの」(第二バチカン公会議『現代世界憲章』78)です。それは正義の結果であり、発展の結果、連帯の結果であり、わたしたちの共通の家の世話の結果、共通善を促進した結果生まれるものなのです。わたしたちは歴史から学ばなければなりません。

思い出し、ともに歩み、守る。この三つは、倫理的命令です。これらは、まさにここ広島において、よりいっそう強く、より普遍的な意味をもちます。この三つには、平和となる道を切り開く力があります。ですから、現在と将来の世代に、ここで起きた出来事の記憶を失わせてはなりません。より正義にかない、いっそう兄弟愛にあふれる将来を築くための保証であり起爆剤である記憶、すべての人、わけても、国々の運命に対し、今日、特別な役割を負う人たちの良心を目覚めさせられる、広がる力のある記憶、これからの世代に向かって言い続ける助けとなる生きた記憶をです――二度と繰り返しません、と。

だからこそわたしたちは、ともに歩むよう求められているのです。理解とゆるしのまなざしで、希望の地平を切り開き、現代の空を覆うおびただしい黒雲の中に、一条の光をもたらすのです。希望に心を開きましょう。和解と平和の道具となりましょう。それは、わたしたちが互いを大切にし合い、運命共同体で互いが結ばれていると知るなら、必ず実現可能です。現代世界は、グローバル化で結ばれているだけでなく、共通の大地によっても、いつも相互に結ばれています。共通の未来を確実に安全なものとするべく、責任をもって闘う偉大な人となるために、それぞれのグループや集団が排他的利益を後回しにすることが、現代においてこそ求められています。

神に向け、すべての善意の人に向けて、一つの願いとして、原爆と核実験とあらゆる紛争のすべての犠牲者の名によって、心から声を合わせて叫びましょう。戦争は二度と繰り返しません、兵器の轟音《ごうおん》は二度と繰り返しません、こんな苦しみは二度と繰り返しません、と。わたしたちの時代に、わたしたちのいるこの世界に、平和が来ますように。神よ、あなたは約束してくださいました。「いつくしみとまことは出会い、正義と平和は口づけし、まことは地から萌《も》えいで、正義は天から注がれます」（詩編85章11―12節）。

主よ、急いで来てください。破壊があふれた場所に、今とは違う歴史を描き実現する希望があふれますように。平和の君である主よ、来てください。わたしたちをあなたの平和の道具、あなたの平和を響かせるものとしてください。

わたしはいおう、わたしの兄弟、友のために。「あなたのうちに平和があるように」（詩編122章8節）

上智大学訪問

二〇一九年一一月二六日

愛する兄弟姉妹の皆さん。

わたしの教皇としての日本司牧訪問の最後に、貴国を発ってローマに戻る前の少しの時間を皆さんとともに過ごせることを大変うれしく思います。お別れの時です。

この国での滞在は短いものでしたが、大変密度の濃いものでした。神と、日本のすべての人に、この国を訪れる機会をいただいたことを感謝します。日本は、聖フランシスコ・ザビエルの人生に多大な影響を与えた国であり、多くの殉教者がキリスト教信仰をあかしした国です。キリスト教信者は少数派ですが、存在感があります。わたし自身、カトリック教会に対して一般市民がもつ好意的評価を目にしましたが、こうした互いの敬意が、将来において深まっていくことを期待します。また、日本社会は効率性と秩序によって特徴づけられていますが、一方で、何かそれ以上のものを望み、探しているように見受けられます。よりいっそう人間らしく、もっと思いやりのある、もっといつくしみに満ちた社会を創り出したいという熱い望みです。

学問と思索は、すべての文化にあるものですが、皆さんの日本文化はこの点において、長い歴史にはぐくまれた豊かな遺産として誇るべきものです。日本はアジア全体としての思想と宗教を融合し、独自の明確なアイデンティティをもつ文化を創り出すことができました。聖フランシスコ・ザビエルが深く感銘を受けた足利学校は、さまざまな見聞から得られる知識を吸収し伝播するという日本文化の力を示す好例です。学問、思索、研究にあたる教育機関は、現代文化においても重要な役割を果たし続けています。それゆえ、よりよい未来のために、その自治と自由を保ち続けることが必要です。大学が未来の指導者を教育する中心的な場であり続けるとしたら、そこでは、及ぶかぎり広い範囲における知識と文化が、教育機関のあらゆる側面がいっそう包摂的で、機会と社会進出の可能性を創出するものになるような着想を与えるものでなければなりません。

上智《ソフィア》。人間は自らの資質を建設的かつ効率的に用いるために、真のソフィア、真の叡智《えいち》なるものをつねに必要としてきました。あまりにも競争と技術革新に方向づけられた社会において、この大学は単に知的教育の場であるだけでなく、よりよい社会と希望にあふれた未来を形成していくための場となるべきです。そして、回勅『ラウダート・シ』(教皇フランシスコによるエコロジーについての回勅)の精神で、自然への愛についても加えたいと思います。自然への愛は、アジアの文化に特徴的なものです。ここに、わたしたちの共通の家である地球の保護に向けられる、知的かつ先見的な懸念を表現すべきでしょう。その懸念は、技術主義《テクノクラティックパラダイム》の一部である還元主義的な企て全体を掘り下げ、疑問視できる、新たな思考体系《エピステーメー》の発展と結びつきうるものです(同106-114参照)。見失わないでください。「真正な人間性は、閉じた扉の下からそっと入り込む霧のようにほとんど気づかれないながらも、新たな総合へと招きつつ、テクノロジー文化のただ中に住まっているようです。真正なものの粘り強い抵抗が生まれるのですから、いろいろなことがあったとしても、期待し続けることはできるのではないでしょうか」(同112)。

上智大学はつねにヒューマニズム的、キリスト教的、国際的というアイデンティティによって知られてきました。創立当初から、さまざまな国の出身の教師の存在によって豊かにされてきました。時には対立関係にある国々からの出身者さえいました。しかしながら、すべての教師たちが、日本の若者たちに最高のものを与えたいという願いによって結ばれていたのです。まさにこれと同じ精神が、皆さんが日本と国外で、もっとも困っている人々を支援しているさまざまなかたちの中に脈々と続いています。皆さんの大学のアイデンティティのこのような側面がいっそう強化され、今日のテクノロジーの大いなる進歩が、より人間的な、より正義に即して環境に責任ある教育に役立つものとなると確信しています。上智大学が礎を置く聖イグナツィオの伝統に基づき、教員と学生が等しく思索と識別の力を深めていく環境を作り出すよう、推進していかなければなりません。この大学の学生の中に、良心に従って最善のものを、責任をもって自由に選択するすべを習得せずに卒業する人がいてはなりません。それぞれの状況において、たとえそれがどんなに複雑なものであったとしても、己の行動において、何が正義であり、人間性にかない、まっとうであり、責任あるものかに、関心をもつ者となってください。そして、決然と弱者を擁護する者と、ことばと行動が偽りや欺瞞であることが少なくないこの時代にあって、まさに必要とされるそうした誠実さにおいて知られる者となってください。

イエズス会が計画した「普遍的使徒的優先課題」は、若者に寄り添うことが、世界中で重要な現実であることを明確にし、イエズス会のすべての教育機関が、こうした同伴を促進すべきとしています。若者をテーマとした世界代表司教会議《シノドス》とその関連文書が示しているように、普遍教会もまた、世界中の若者たちを、希望と関心をもって見つめています。皆さんの大学全体で、若者に目を注ぐべきです。若者たちは準備された教育の受け手となるだけではなく、アイデアを提供し、未来のための展望や希望を分かち合うことで、自身も教育の一翼を担うべき存在であるべきです。皆さんの大学が、このような相互のやり取りのモデルを示し、そこから生み出される豊かさと活力によって知られる存在となりますように。

上智大学のキリスト教とヒューマニズムの伝統は、すでに述べたもう一つの優先事項と完全に一致します。すなわち、現代世界において貧しい人や隅に追いやられた人とともに歩むことです。自らの使命に基軸を置く上智大学は、社会的にも文化的にも異なると考えられているものをつなぎ合わせる場となることにつねに開かれているべきです。格差を縮め、隔たりを減らすことに寄与する教育方法を推進しうる状況を作り出すために、隅に追いやられた人々を大学のカリキュラムに創造的に巻き込み、組み入れるべきです。質の高い大学での勉学は、ごく少数の人の特権とされるのではなく、正義と共通善に奉仕する者という自覚がそこに伴われるべきです。それは、各自が働くよう課された分野で、めいめいが果たす奉仕なのです。わたしたち全員にとっての大義であり、ペトロがパウロに与えた今日でも明白な助言です。「貧しい人たちのことを忘れてはいけません」(ガラテヤ2章10節参照)。

上智大学の愛する若者、愛する教員、愛する職員の皆さん。このようなわたしの考えと、今日のわたしたちの集いが、皆さんの人生とこの学びやでの生活において実を結びますように。主なる神とその教会は、皆さんが神の叡智を求め、見いだし、広め、今日の社会に喜びと希望をもたらす、その使命を担うよう期待しています。どうぞ、わたしのため、そしてわたしたちの助けを必要としているすべての人のために、祈ることを忘れないでください。

最後に、いよいようして日本を離れるに際し、皆さんに感謝します。そして皆さんを通して、すべての日本の人に、わたしの訪問中にくださった心のこもった温かい歓迎に感謝いたします。わたしの胸の中に、祈りの中に、皆さんがおられることを約束します。ありがとうございます。

（『すべてのいのちを守るため――教皇フランシスコ訪日講話集』カトリック中央協議会、二〇二〇年より転載）

解説

平和を求める宗教者・研究者の対話・協力の新たな展開

島薗 進

はじめに

本書は、二〇一九年五月一八日に上智大学で行われたシンポジウム「平和、非核、人類文明の未来——宗教者・研究者による対話」の記録をもとに、関連する資料を付して構成されている。

このシンポジウムは、上智大学カトリックセンター(現、学校法人上智学院カトリック・イエズス会センター)、上智大学神学部、同アジア文化研究所、同大学院実践宗教学研究科の主催、日本カトリック正義と平和協議会、日本カトリック司教協議会、駐日ローマ教皇庁大使館の協賛を得て行われた。

東京の四谷《よつや》にある上智大学は、イグナチオ・デ・ロヨラ(一四九一―一五五六年)が創設した修道会、イエズス会が設立したもので、イエズス会の教会であるカトリック麴町《こうじまち》聖イグナチオ教会に隣接している。日本のカトリック教会系の大学のなかで唯一神学部をもっており、日本のカトリックを代表する大学でもある。一五四九年、キリスト教の宣教のために初めて来日したフランシスコ・ザビエル(一五〇六—五二年)もイエズス会の司祭・修道士であり、イエズス会はカトリックの日本宣教の歴史の主役の一つでもある。

二〇一三年に就任した現在のフランシスコ教皇は、アルゼンチン出身のイエズス会の修道士である。イエズス会士の教皇はこのフランシスコ教皇が初めてでもある。平和への願いをたびたび表明しているフランシスコ教皇は、すでに二〇一七年、上智大学の学生とオンラインでの対話集会を開いたこともあった。フランシスコ教皇は二〇一九年一一月の来日の際も上智大学を訪問している。

日本のカトリック教会と上智大学は、二〇一一年以来の福島原発災害についても取り組みを続けている。学生による被災地の子どもの学習支援も続けられた。また、二〇一六年には日本カトリック司教協議会により『今こそ原発の廃止を——日本のカトリック教会の問いかけ』(カトリック中央協議会)が刊行され、二〇二〇年にはその英語版も刊行されているが、この著述には上智大学関係者も多く関わっている。

シンポジウム「平和、非核、人類文明の未来——宗教者・研究者による対話」はこうした蓄積の上に行われたものである。

一　核廃絶と平和をめぐる新たな状況

二〇一九年一一月のフランシスコ教皇の来日は、日本のカトリック教会にとって待望の出来事であるとともに、核廃絶と平和を願う日本の多くの市民にとっても期待の大きい出来事だった。この期待は平和への強い意思をもつフランシスコ教皇が、被爆地、広島・長崎を訪問されるだろうという認識とも関わっていた。

事実、フランシスコ教皇は長崎、広島、東京を訪れいくつかのメッセージを発せられた。まず長崎で、続いて広島で発せられたメッセージは、まさに核兵器への依存を脱却し、平和へと向かうことを人々に求めるものだった。それぞれ「核兵器についてのメッセージ――長崎・爆心地公園にて」、「平和のための集い――広島平和記念公園にて」と題されている。本書には、この二つのメッセージと、それに続く上智大学訪問の際のメッセージを収録している。

平和を脅かす世界の政治状況

残念ながら世界の政治情勢は必ずしも平和に向かっているとは言えない。また、核廃絶に向かっているともいえない。第二次世界大戦後も世界で戦火の絶える時期はほとんどなかった。核の脅威ということでも、冷戦時代の終わりとともに弱まったということはない。今もパレスチナやイランを含む中近東、ヨーロッパとロシア、米国と中国、日本と朝鮮半島、インドとパキスタンというように、世界各地で緊張関係が続いており、そこに核兵器が影を落としている。

米国・ロシア連邦・英国・フランス・中華人民共和国の五カ国以外の核兵器の保有を禁止する核拡散防止条約は一九七〇年に発効し、現在、二〇〇カ国近くが参加しているが、その後、インド、パキスタン、イスラエル、北朝鮮と、核保有国は増加している。核保有国は義務づけられている核軍縮交渉を進めてもいない。平和を維持するために核兵器の保有が必要だという「核抑止論」は、今も強い影響力をもっており、潜在的に核保有を望んでいる(望む勢力が力をもっている)と推測されている国・地域がいくつもある。日本や韓国や台湾もそこに含まれる。

一九八七年に米国のレーガン大統領とソ連のゴルバチョフ書記長の間で結ばれた中距離核戦力(INF)全廃条約だが、二〇一九年二月に米国のトランプ大統領はその破棄をロシア連邦に通告し、これを受けてロシア連邦も条約義務履行の停止を宣言、八月にこの条約は失効するに至った。米国、ロシア、中国などの核大国は軍事力を増強し、威圧的な政策を強めていると見られている。

核兵器禁止条約の採択とＩＣＡＮのノーベル賞受賞

こうしたなかで、二〇一七年七月、国連総会において、核兵器禁止条約が一二二カ国・地域の賛成多数によって採択された。核保有国、および日本やヨーロッパの米国との同盟諸国はこれに賛成していないが、その後、各国で批准が進んでおり、五〇カ国が批准してこの条約が発効するのは間近と予想されている。もちろんこれによって核保有国が核廃棄に向かっていくことが楽観されるわけではない。だが、世界の大多数の国々が核保有に反対し、核抑止論を認めないという事態が、国連を基盤として成立し、国際条約として発効するということは、核廃絶に向けた大きな一歩前進と言えるだろう。

この歩みを進めていく上で、力強い後ろ盾となった出来事が、核兵器禁止条約の条約案の練り上げと国連総会での採択に大きな役割を果たした、核兵器廃絶国際キャンペーン（ＩＣＡＮ）が二〇一七年のノーベル平和賞を受賞したことである。核兵器禁止条約提案の端緒は、二〇〇六年に核戦争防止国際医師会議（ＩＰＰＮＷ）の世界大会である。一九九七年に地雷禁止国際キャンペーン（ＩＣＢＬ）の主導で対人地雷全面禁止条約が成立したことを受けての提案だ。この大会には、広島市の秋葉忠利市長が出席していて協力を表明し、秋葉市長が会長を務めていた平和首長会議が最初の賛同団体となった。平和首長会議は一九八二年に当時の荒木武広島市長の提案により日本で始まり、その後、世界に広がったもので、二〇二〇年九月一日現在、世界一六四の国・地域の八〇〇〇近くの自治体が加盟している。

二〇〇七年には、条約づくりのための事務所がメルボルンに設置され、ＩＣＡＮが創設された。条約の提案からＩＣＡＮの設立に至る初期段階でこの運動で大きな役割を果たしてきた人たちの一人が、シンポジウム「平和、非核、人類文明の未来」の最初の基調講演を行ったティルマン・ラフ氏である。このＩＣＡＮには、世界各国のさまざまな団体が連携しており、それらの団体は二〇二〇年段階で六〇〇近く、その所在地は一〇〇カ国を超える。

福島原発災害とフランシスコ教皇の来日

以上を要約しよう。二〇一〇年代末の段階では、国家が主体の国際政治のレベルでは核廃絶への動きはきわめて低調だが、グローバルな市民社会のレベルでは核兵器廃絶への大きなうねりが起こってきている。

こうした世界的な状況のなかでのフランシスコ教皇の来日は、後者の動きを大きく後押しするものと考えられた。世界的にもそうだが、戦争による核爆発によって多くの人命を失い、被爆者や家族らの苦悩を経験してきた日本の社会には、核兵器廃絶への機運がさらに高まることが期待された。

もう一つ、日本では二〇一一年三月の東日本大震災の影響で、東京電力福島第一原子力発電所の爆発・メルトダウン事故が起こり、多数の住民が長期にわたる避難を余儀なくされたり、放射線への被曝を恐れながら生活しなくてはならない事態が生じたという事情がある。二〇一九年の段階でもなお、数万人が避難生活を送っており、やむをえず移住せざるをえなかった人も少なくない。甲状腺がんなどの放射線による健康被害や移住等による多くのストレスも生じ、多数の原発災害関連死者も出ている。

日本で多くの原子力発電所が設けられてきた背景には、米国などの大国の核兵器保有や日本の安全保障の核兵器への依存を正当化しようとする動機が作用してきたと考える人は多い。第二次世界大戦後の早い時期に、米ソをはじめとする核保有国があいついで行った核実験は、多くの被害者を生んだ。マーシャル諸島の人々、米国やソ連の核施設近くの住民等の苦難はただならぬものだ。日本でも一九五四年のビキニ環礁での米国の核実験で第五福龍丸他の漁船が大量の放射性生成物(死の灰)を浴び、乗組員が死亡するという事態が生じた。

他方、核兵器への批判の高まりを受けて、一九五三年、米国のアイゼンハワー大統領が国連総会で「原子力の平和利用」を高らかに唱えた。そして、五五年から五七年にかけて、広島市をはじめ日本各地で原子力平和利用博覧会が開かれたことは、日本の原発の歴史を知るものには忘れられない事実である。

カトリック教会と脱原発

福島原発災害を受けて、日本や韓国では原発廃止への運動が活発化している。日本の世論調査では、事故後に利用が停止されている全国の原発の再稼働を支持しない意見が多数派を占めている。日本の宗教界からも原発の廃止、あるいは原発依存からの脱却を求める声明や意見表明が相次いだ。なかでも二〇一一年一二月一日に伝統仏教の連合団体である全日本仏教会が発出した宣言文「原子力発電によらない生き方を求めて」は、インパクトの大きなものだった。こうした原発不支持の考え方のすべてが核兵器の廃止の願いと重なっているわけではない。しかし、両者の間に大きな響き合いがあることも確かである。

日本カトリック司教団は、二〇一一年一一月八日の段階で、「いますぐ原発の廃止を――福島第一原発事故という悲劇的な災害を前にして」という声明を公表している。そして、冒頭にも述べたように、二〇一六年には『今こそ原発の廃止を――日本のカトリック教会の問いかけ』(日本カトリック司教協議会『今こそ原発の廃止を』編纂委員会編、カトリック中央協議会)を刊行している。また、韓国カトリック司教協議会は二〇一三年に『核技術と教会の教え――核発電についての韓国カトリック教会の省察』を公表しており、その日本語訳も二〇一五年に刊行されている(カトリック中央協議会)。

ただ、バチカンのカトリック教会本部は、原発廃止の立場を明確にしていない。しかし、フランシスコ教皇は日本訪問の帰途の航空機のなかで行われた記者会見において、「これは個人的な見解ですが、使用上の完全な安全性が確保されるまで、核エネルギーは用いるべきではないでしょう」と語っている（https://www.cbcj.catholic.jp/2020/02/12/20196/）。

二　平和・核廃絶と宗教者・研究者

シンポジウム「平和、非核、人類文明の未来――宗教者・研究者による対話」は、以上のような核兵器や原発をめぐる新たな状況を踏まえ、カトリック教会、および日本の諸宗教を背景にもつ宗教者と、「宗教と平和」に関心をもつ内外の宗教者、研究者が参加して行われたものである。

登壇者の背景は、カトリック教会（光延一郎、ホアン・アイダル、佐久間勤、サリ アガスティン）の他、プロテスタント（近藤紘子、チョン・チュジン）、立正佼成会（庭野光祥）、創価学会（寺崎広嗣）、金光教（白神亜礼）、伝統仏教・真言宗（中嶌哲演）、研究者（ティルマン・ラフ、ケビン・クレメンツ、川本隆史、筆者）である。宗教界を中心に、このように多様な背景をもつ人々が、平和を主題に対話に参加し、平和を目的に協力するというのはあまりないことである。

宗教協力・宗教対話の流れ

そもそも宗教者が積極的に他宗教の信仰者との対話に取り組み、平和のために協力するというのは、比較的新しい現象である。カトリック教会は一九六〇年代の前半に第二バチカン公会議において、対話に許容的な姿勢に大きく転換したが、実際に積極的に宗教対話や宗教協力に取り組むようになったのは、さらに後のことである。プロテスタントの諸教会のなかにはカトリック教会より早くそうした姿勢をもつようになったものがあるが、全体としてみると大きな差があるとは言えない。他宗教に対してキリスト教の優越性を譲らない姿勢はなかなか変わらなかった。

一方、日本の諸宗教は国家のために相互に協力するという機会が戦前からあった。だが国家の求めに応じるためというのではなく、それぞれの自主性において積極的に相互に協力し、対話に取り組むようになったのは、一九五〇年代以後のことで、「平和」のための運動に促された面がある。とくに第五福龍丸の被曝などを契機として一九五〇年代に起こった原水爆禁止運動は、その大きなきっかけとなった。この平和のための宗教協力活動に早くから積極的に取り組んできたのが立正佼成会である。

立正佼成会は一九五〇年代から新日本宗教団体連合会の結成に尽力し、国際協力にも意欲的で、一九七〇年には世界宗教者平和会議（ＷＣＲＰ、Religions for Peace, ＲｆＰ）の結成に大きく貢献した。とくに世界宗教者平和会議は、世界の諸宗教の信仰者が参与し、ニューヨークに本部を置き、平和のための宗教連合組織としては他に例がない規模をもつ。世界の九〇カ国と六地域に関連組織があり、現在、ＩＣＡＮの有力な協力者であるが、その結成にもっとも大きな貢献をしたリーダーの一人が立正佼成会の庭野日敬《にわのにっきょう》である。庭野日敬の宗教協力と平和への取り組みについては、本書第Ⅲ部の庭野光祥氏の発言にそのあらましが示されている。

宗教教団の平和への動き

他方、日本の国内では政権与党である公明党の支持勢力として知られ、他宗教との協力・対話には関わることがなかった創価学会は、一九五〇年代から独自の平和活動や核兵器廃絶の運動を行ってきており、国連でも平和のために貢献する団体として知られている。創価学会は海外諸国に多くの信徒があり、海外の組織の連合体が創価学会インタナショナル（ＳＧＩ）である。日本の創価学会の三代会長で、現在名誉会長の地位にある池田大作氏は、平和を願う世界の学者らと対話を重ね、平和と核兵器廃絶を唱えてきた。本書第Ⅲ部の寺崎広嗣氏の発言に示されているとおりである。

日本の宗教団体の平和への思想は、アジア・太平洋戦争の惨禍、とりわけ日本の敗戦の経験によっているところが大きい。原子爆弾の投下による悲惨な経験は、平和と核廃絶への意思表明や行動を強く動機づけている。では、カトリック教会の場合はどうか。ローマ・カトリック教会の戦争と平和についての考え方の歴史と現状については、本書第I部で光延一郎氏がまとめているとおりだ。一方に、非暴力の立場があったとともに正戦論の立場も、四〜五世紀のヒッポのアウグスティヌスによってすでに提示されていた。

政教分離が進む近代においても西洋社会では、「正義の戦争」は許容されるという正戦論が正統的な立場である。しかし、カトリック教会では第二次世界大戦中から「戦争否定」の考え方が唱えられるようになっており、一九六〇年代前半の第二バチカン公会議で、より平和主義的な方向へと踏み出している。光延氏は教皇ヨハネ二三世の回勅『パーチェム・イン・テリス（地上の平和）』（一九六三年）において、すでに核抑止論には有効性がない、「愛による宥和」こそが必要だとされていることを示している。

平和を求める宗教勢力の協働へ

その後の、歴代の教皇たちもこの動きを前進させてきた。また、日本のカトリック教会は一九三二年に軍部の抑圧を受けた経験、さらには原爆の悲惨な経験を踏まえ、独自に平和を求める動きを強めてきている。

日本の国内では、カトリック教会、世界宗教者平和会議、創価学会は政治的にも影響力の大きい宗教組織である。世界宗教者平和会議で大きな働きをしてきた立正佼成会と、国政や国連での活動が目立つ創価学会が、同じ場で平和について話し合い、協力的な場に立つのは、このシンポジウムが初めてのことである。このシンポジウムは、それらの組織の指導層がそろって核兵器禁止条約への賛意を表明し、宗教団体や信仰者が平和のためにともに声を上げ行動していく意思を形にする機会となった。創価学会が支持する公明党が政権与党として核兵器禁止条約に積極的ではないことも知られてはいるが、創価学会の国際組織は平和に向けた対話を行おうとする姿勢を強めている。災害支援活動等の地域社会での活動でも協力・対話の姿勢が見えにくかった創価学会だが、東日本大震災以後、方向転換の兆しが見えている。

このシンポジウムには、韓国から平和活動に取り組んでいるプロテスタントのチョン・チュジン氏に加わっていただいたが、核武装を進める北朝鮮との関係をめぐっての困難な状況と、韓国内の宗教団体の状況について発言をいただけたのは幸いだった。原爆被害に対して、韓国のキリスト教会のなかにはあまり共感的になれない傾向があるという点は、日本の運動に関わっている者にとって、よく考え直してみるべき事柄だろう。東北アジアでは近隣諸国の間で共感が容易でない問題がしばしばあり、その状況を踏まえつつ核廃絶と平和に向けての意思を持続させていくには、誠実に歴史を振り返って自己を省みることが必要であることをあらためて認識する機会となった。

核兵器禁止条約と核廃絶への道

以上、政治的な側面から宗教組織の核廃絶や平和への取り組みについて述べてきたが、このシンポジウムの基調講演者のうち、海外から参加されたおふたりは、とくに宗教に強い関与のある方々ではなく、むしろ研究者や運動家としてご参加いただいている。ティルマン・ラフ氏はオーストラリアのメルボルン大学で教える医学者であるとともに、核戦争防止国際医師会議(IPPNW)のメンバーであり、ICANの創設メンバーの一人である。今回のシンポジウムでは、核兵器禁止条約の考え方について、その基本的な筋道について語っていただいている。題名が示唆するとおり、核兵器廃絶の基盤は「人道的要請」にこそあることが示されている。

今一人の、ケビン・クレメンツ氏はニュージーランドのオタゴ大学で平和学を教えるが、宗教社会学の素養もある研究者である。創価学会の池田大作名誉会長が創設者である、戸田記念国際平和研究所の総合所長も務めており、日本の政治や宗教にも詳しい。二〇一五年に安全保障関連法案が提出されたときには、SGIの長年の尽力に反するものだという声明を出してもいる(http://sokauniv-nowar.mystrikingly.com)。今回のシンポジウムでは、平和学の立場から、現代の国際秩序と米国の姿勢を批判的に捉えつつ、東北アジアの非核兵器地帯化の展望、また、核抑止論を超えていくための「モラル・リーダーシップ」の必要性を説いている。

現代世界において、核兵器がいかに危険なものであるか、核廃絶に向けてどのような歩みが必要か、とりわけ東北アジアにおいてどのように核廃絶を求めていくかについては、ティルマン・ラフ氏とケビン・クレメンツ氏の基調講演に説得力豊かに示されている。核兵器禁止条約によって、大きな道筋ができた。グローバルな市民社会において、小さな動きと見えるものが積み重なって、国際政治に強い影響力を及ぼす可能性が見えてきている。日本・韓国・北朝鮮を非核兵器地帯とする東北アジア非核地帯条約の構想もある。そして、それらの基礎は「恐れる相手に手を差し伸べること」(三三頁)である。

三　平和と自己省察とスピリチュアリティ

ＩＣＡＮの運動の日本の担い手として大きな役割を果たした団体にＮＧＯピースボートがある。共同代表の一人である川崎 哲《あきら》氏はＩＣＡＮの国際運営委員でもある。ピースボートは船旅をともにしながら平和について学ぶのだが、そこでは被爆者らによる核被爆や戦争による痛みなどの経験の語りが重要なプログラムとなっている。それは、核兵器の非人道性について当事者から聞いて学ぶことでよく納得できるということとともに、個々人の平和への願いを分かち合いながら、自らを省みることで人間的成長を目指すということもあるだろう。

自らを省み、平和を願う

本書『核廃絶　諸宗教と文明の対話』は宗教者や研究者が自らを省みつつ、核廃絶や平和への願いを新たにするという側面をもっている。第Ⅱ部「祈りと被爆証言」においてこの側面が前面に押し出されている。原爆投下や多くの核実験は非人道的な暴挙であり、その被害を受けた人々や家族らの苦難は計り知れない。それは激しい怒りと悲しみを引き起こすものであるが、また、深い次元での平和への願いをも生み出す。そこでは、「心の平和」が平和への意思にとって重い意味をもつという考えも呼び覚まされもする。

近藤紘子氏の「平和をつくり出す人たち——心の中に平和を」、白神亜礼氏の「だから、バトンを受け取った——被爆した祖父の小さな一歩」はともに、原爆や戦争を憎みつつ人は憎まない、また、自らの弱さを省み日々の平和を願う心が核廃絶や世界平和の基礎となるという考えが述べられている。近藤氏はキリスト教、白神氏は金光教を背景にもつが、ふたりが深く心に留めていることに響きあうものが多いことに驚かされる。近藤氏の父と白神氏の祖父は、ともに被爆の苦難とともに他者を助けることができずにわが身を守ったことの悲しみを、生涯ひそかに胸に秘めていた。その悲しみが平和を求める心を強く支えていた。

近藤氏のお話に引かれている聖フランシスコの祈りは、第Ⅳ部に掲載されているフランシスコ教皇の、長崎での「核兵器についてのメッセージ」にも引かれている。具体的に引かれている祈りの文言は異なっているが、響きは同一で、心に呼び覚まされる思いは近い。平和への意思を伝えようとする人々の心にすぐに響くのは、「理解されるよりは理解することを」、「闇に光を」をいうことだろう。フランシスコ教皇は「心を改めること」、また、「いのちの文化」、「ゆるしの文化」に触れているが、これは近藤氏も白神氏もうなずくことだろう。キリスト教の枠を超えて、平和を願う心に響く言葉が選ばれているとも言える。

東洋の伝統とキリスト教のスピリチュアリティ

第Ⅲ部「平和、非核、人類文明の未来――宗教者・研究者による対話」では、第Ⅰ部と第Ⅱ部を受け、立正佼成会および世界宗教者平和会議の庭野光祥氏、創価学会の寺崎広嗣氏、韓国キリスト教教会協議会のチョン・チュジン氏、福井県小浜市の真言宗明通寺の住職である中嶌哲演氏にまとまったお話をいただいているが、庭野光祥氏、寺崎広嗣氏、チョン・チュジン氏のお話についてはすでにふれているので、ここでは中嶌氏の話について述べる。

中嶌氏の話にも聖フランシスコが登場し、「いさかいのあるところに許しを」の言葉が引かれている。また、中嶌氏が三一八カ月、月に二回続けられたという被爆者援護の托鉢の経験に関わって、聖フランシスコが小鳥や大自然に語りかけたことが思い起こされている。蛇が車の走る道を横断したりするので、「おいおい君、車にひかれるぞ」と声をかけたくなったという話は、ユーモアとともに平和を願う心がそれとなく表現されている。中嶌氏の東洋的なスピリチュアリティはディスカッションのなかでも印象深く語られている。

ある禅宗の老師の語った言葉だが英語で、“There is no way to peace, peace is the way.” というものが紹介されている。およそ「平和に至る方法なんてない、平和そのものが歩んでいく道なんだ」と中嶌氏は言い換えている。これは、キリスト教徒の近藤紘子氏や、教派神道系の新宗教、金光教の信徒である白神亜礼氏が述べていることとあい通じるように感じられる。そして中嶌氏は、この言葉は仏教にも深く共鳴したマハトマ・ガンジーの言葉であることを、現代ノルウェーの哲学者から教えられたという。パネリストによるディスカッションがこの発言でしめくくられたのは、このシンポジウムの対話の目指すところに照応していたように思う。

記憶をケアし、バトンを受け渡す

第Ⅲ部のディスカッションの初めに、広島市出身のキリスト教徒で、社会倫理学者でもあるコメンテーターの川本隆史氏が「記憶のケア」という言葉を紹介したが、これはこのシンポジウムの全体の趣旨とも重なり合うものだろう。この会議は、近い未来に核廃絶をもたらし、世界の平和への歩みを大きく前進させたいという趣旨で開催されたが、それは同時に、現代に生きる私たちが核兵器と多くの犠牲をもたらした惨禍をどう受け止め、未来世代へ伝えていくかという課題と切り離せないものだ。宗教者も研究者も、そしてさまざまな立場の市民や専門家も、この会議を通して、「記憶のケア」により「バトンを受け取り、渡していく」過程に関わっていこうとする気持ちを新たにすることの意義を確認できたと思う。

「閉会の挨拶」で上智学院理事長の佐久間勤氏が、旧約聖書の『詩編』に収められている「嘆きの歌」について、どのようにその歌の意味を捉えることができるかについて述べている。苦しみについて、また貧しさについて語るとき、学者としての語り方、倫理的政治的な語り方、そして宗教的な語り方がある、今もそれらが区別されて語られる機会が多いかもしれない。佐久間氏はこのシンポジウムが宗教的な語り方の次元に十分、届くものであったこと、この三つの語り方が渾然として融合するようであったことを喜びつつ、「閉会の挨拶」をしめくくられた。

このような対話や討議のあり方は古くからあったことかもしれないが、これは新しい「平和」の形を指し示しているのかもしれない。核兵器禁止条約が国連で採択され、ＩＣＡＮがノーベル平和賞を受賞し、ローマ教皇フランシスコが日本の被爆地で世界の市民に向けたメッセージを発出される、そのような時代にふさわしい対話と学びの機会だったように思う。

おわりに

「キリスト教ヒューマニズム」を掲げる上智大学は、東洋の宗教や日本の文化にも強い関心を寄せ、多くのすぐれた研究者が在籍したことで知られる。主に英語による日本研究のすぐれた論文を掲載してきた上智大学刊行の学術誌『モニュメンタ・ニポニカ』は、二〇一八年に創刊八〇周年を迎えたが、日本研究の代表的な国際的学術誌として知られている。キリスト教、とりわけカトリックの伝統と日本の諸宗教、また宗教文化の間に橋をかけるという点で、上智大学には長年にわたる実績がある。

「キリスト教ヒューマニズム」はまた「隣人性」という特徴にもつながる。それは「「他者のために、他者とともに」(Men and Women for Others, with Others) という生き方であり、こちらから他者の隣人となっていき、「愛をもって正義と平和」の実現に尽くすことを指す」とされる。積極的に社会の問題に関わり、平和、貧困、環境、差別などの問題に取り組む伝統をもってもいる。

筆者は日本の宗教史を学んできた研究者であるが、二〇一三年度から上智大学グリーフケア研究所の所長を仰せつかり、二〇一六年度からは新たに設立された大学院実践宗教学研究科の委員長をも務めてきた。こうした場を得ることで、これまで以上に宗教と平和への関心を強めるようになり、このシンポジウムのような企てに加わることができたことをうれしく思っている。

このシンポジウムの開催にあたって多くの方々のご尽力、ご協力があった。実行委員会に代わってあらためてここに謝意を表したい。基調講演や被爆証言や討議への参加に応じてくださった方々のお名前は本書に記されているが、それ以外に、上智大学の曄道佳明《てるみちよしあき》学長、日本カトリック教会の勝谷《かつや》太治《たいじ》司教にもお力添えをいただいた。また、主催団体、協賛団体の他に、上智大学国際教養学部、NGOピースボート、原子力行政を問い直す宗教者の会、浄土宗見樹院、通訳の方々、そして会議のお世話係の方々のお力をお借りしている。また、英語の原稿の翻訳にあたっては、戸田記念国際平和研究所の方々のご援助をいただいている。加えて、出版に際しても、立正佼成会、金光教、創価学会のご支援を仰いだ。上智大学の同僚たちのご助力にも大いに助けられた。また、シンポジウムの内容を書物とする過程では、編集者の今井章博氏、岩波書店の入江仰氏にたいへんお世話になった。記して謝意を表したい。

《著者紹介》 ＊登壇順

ティルマン・ラフ(Tilman Ruff)
1955年生まれ．オーストラリアの医師，メルボルン大学准教授．核戦争防止国際医師会議(IPPNW)共同会長．核兵器禁止条約制定への貢献により2017年にノーベル平和賞を受賞した核兵器廃絶国際キャンペーン(ICAN)の共同創設者であり，設立時の代表．

ケビン・クレメンツ(Kevin P. Clements)
1946年生まれ．戸田記念国際平和研究所所長．ニュージーランドのオタゴ大学名誉教授，同大学国立平和紛争研究所(NCPACS)初代所長．日本の国際平和研究学会(IPRA)事務局長のほか，ニュージーランド，オーストラリアなど各国政府の紛争予防・平和構築などの政策顧問を歴任．

光延一郎(みつのぶ いちろう)
1956年生まれ．イエズス会司祭．上智大学神学部教授．日本カトリック正義と平和協議会秘書．キリスト教神学と社会問題の関連をテーマとする．著書『神学的人間論入門』(教友社)，編著『今こそ原発の廃止を　日本のカトリック教会の問いかけ』(カトリック中央協議会)など．

ホアン・アイダル(Juan Carlos Haidar)
1965年生まれ．イエズス会司祭．上智大学神学部教授，カトリック・イエズス会センター副センター長．上智大学グローバル・コンサーン研究所所員．専門は現代哲学(レヴィナスの思想)．キリスト教・ユダヤ教と現代思想をテーマとする．「天と地をつなぐユダヤ教の知恵」(『知恵　真人への道』教友社)など．

近藤紘子(こんどう こうこ)
1945年8月6日，爆心地近くにあった広島流川教会の牧師館で被

爆した．現在，日本基督教団三木志染(みきしじみ)教会(兵庫県三木市)の牧師夫人として教会に仕えながら，「ヒロシマ」の語り部として国内外で講演，新聞，テレビ，ラジオを通して「核の廃絶と世界平和」を訴える．

白神亜礼(しらかみ あれい)
1974年生まれ．広島市在住．金光教鯉城教会在籍教師．2015年，小学生の娘とともに祖父の遺品である原爆被爆体験記を継承する親子ボランティア活動に取り組んだ内容が，NHK総合テレビ番組『にっぽん紀行　祖父と青い目の少年』と題して全国放送される．以来，その内容を各種集会で紹介している．

庭野光祥(にわの こうしょう)
立正佼成会次代会長．世界宗教者平和会議国際共同議長．法華経の研鑽に努め，海外への留学・滞在経験や子育ての経験を活かして会員の教化育成，国内外の諸宗教協力や平和活動に取り組んでいる．現在，上智大学大学院実践宗教学研究科博士前期課程に在籍し，宗教間対話についての研究にも従事．

寺崎広嗣(てらさき ひろつぐ)
1954年生まれ．創価学会副会長，創価学会インタナショナル(SGI)平和運動総局長．1980年代より，創価学会の市民社会における平和・文化運動の主要な分野で研鑽を積む．現在は，国際的ネットワークであるSGIの平和運動，国連NGO活動の責任を担う．

チョン・チュジン(정주진)
韓国キリスト教教会協議会(NCC Korea)委員．韓国平和紛争研究所研究員．カナダのウォータールー大学，米国イースタンメノナイト大学に学び，英国ブラッドフォード大学にて平和学博士．平和構築と紛争解決を研究．著書『葛藤はチャンスだ』，『平和運動　理論，歴史，領域』など．

中嶌哲演(なかじま てつえん)
1942年生まれ．福井県小浜市の明通寺(真言宗)住職．若狭地域，福井県内の原爆被爆者援護活動をきっかけに，反核・反原発活動に取り組む．「原子力行政を問い直す宗教者の会」へは1993年の結成時から参加．

川本隆史(かわもと たかし)
1951年生まれ．広島学院中学校2年生の時に受洗(カトリック)．東京大学大学院人文科学研究科博士課程修了．社会倫理学専攻．文学博士．跡見学園女子大学，東北大学文学部，東京大学教育学部を経て，現在は国際基督教大学教員．著書『現代倫理学の冒険』(創文社)，『共生から』(岩波書店)ほか，共訳書にJ. ロールズ『正義論(改訂版)』(紀伊國屋書店)など．

佐久間 勤(さくま つとむ)
1952年生まれ．カトリック・イエズス会司祭．上智大学神学部教授．専門は旧約聖書学．聖母大学長(2011-14年)，上智社会福祉専門学校長(2011年，2020年から現職)．2018年より学校法人上智学院理事長．

サリ アガスティン(Sali Augustine)
1968年生まれ．インド，ケーララ州出身，1997年イエズス会士として来日．上智大学総合グローバル学部教授，上智学院総務担当理事．エスニック紛争，社会・政治と宗教をテーマに研究．

《編者紹介》

学校法人 上智学院カトリック・イエズス会センター

上智大学ほか，学校法人上智学院の設置校の学生，教職員，関係者に，キリスト教について学ぶ場を提供している．入学式などの行事におけるミサ，キリスト教入門講座，黙想会，巡礼などを企画・実施し，「他者のために，他者とともに生きる人」の育成を目指している．2019 年 10 月に「イエズス会教育推進センター」と「上智大学カトリックセンター」が機能統合し，現在の名称に改められた．

島薗 進

1948 年生まれ．宗教学者．上智大学グリーフケア研究所所長．東京大学名誉教授．専門は日本宗教史．日本宗教学会元会長．主な著書に，『神聖天皇のゆくえ』(筑摩書房)，『宗教学の名著 30』(ちくま新書)，『国家神道と日本人』(岩波新書)がある．

核廃絶 諸宗教と文明の対話

2020 年 11 月 17 日　第 1 刷発行

編　者　上智学院《じょうちがくいん》カトリック・イエズス会《かい》センター
島《しま》薗《ぞの》 進《すすむ》

発行者　岡本 厚

発行所　株式会社 岩波書店
〒101-8002 東京都千代田区一ツ橋 2-5-5
電話案内 03-5210-4000
https://www.iwanami.co.jp/

印刷・三陽社　カバー・半七印刷　製本・松岳社

ISBN 978-4-00-061437-5　　Printed in Japan